Boris Kölpin

Der Einfluss des neuen Beschäftigtendatenschutzgesetzes auf die Unternehmen

Handlungsempfehlungen und
Umsetzungsvorschläge

Diplomica Verlag GmbH

Kölpin, Boris: Der Einfluss des neuen Beschäftigtendatenschutzgesetzes auf die Unternehmen: Handlungsempfehlungen und Umsetzungsvorschläge. Hamburg, Diplomica Verlag GmbH 2013

Buch-ISBN: 978-3-8428-9404-4
PDF-eBook-ISBN: 978-3-8428-4404-9
Druck/Herstellung: Diplomica® Verlag GmbH, Hamburg, 2013

Bibliografische Information der Deutschen Nationalbibliothek:
Die Deutsche Nationalbibliothek verzeichnet diese Publikation in der Deutschen Nationalbibliografie; detaillierte bibliografische Daten sind im Internet über http://dnb.d-nb.de abrufbar.

© Diplomica Verlag GmbH
Hermannstal 119k, 22119 Hamburg
http://www.diplomica-verlag.de, Hamburg 2013
Printed in Germany

„Es wird in der Tat in der Zukunft weniger Datenschutzskandale geben, weil das, was bisher Skandal war, nun gesetzlich erlaubt ist."

DGB-Chef Michael Sommer

I. Inhaltsverzeichnis

II. Abkürzungsverzeichnis..IV

III. Abbildungsverzeichnis...VIII

1 Thematische Hinführung... 1

2 Einführung in das Datenschutzrecht.. 3

2.1 Historische Entwicklung des Datenschutzes.. 3

2.2 Jüngste Entwicklungen zum Beschäftigtendatenschutz......................... 6

3 Rechtsquellen des Beschäftigtendatenschutzes................................. 7

3.1 Regelungen des Grundgesetzes.. 7

3.1.1 Wirkung der Grundrechte... 8

3.1.2 Arbeitnehmergrundrechte... 9

3.1.3 Arbeitgebergrundrechte... 11

3.2 Gesetzliche Regelungen.. 12

3.2.1 Regelungen des BDSG sowie der LDSG..................................... 12

3.2.2 Regelungen des BetrVG.. 13

3.3 Richterrecht.. 14

3.4 Das neue BDSG-E.. 14

4 Problembereiche.. 16

4.1 Einwilligung als Rechtfertigungsinstrument....................................... 16

4.1.1 Rechtliche Ausgestaltung.. 17

4.1.2 Verfassungsrechtliche Bedenken.. 19

4.1.3 Europarechtliche Bedenken... 19

4.1.4 Bewertung... 21

4.1.5 Handlungsempfehlungen und Umsetzungsvorschläge................... 23

4.2 Betriebsvereinbarungen im Beschäftigtendatenschutz.......................... 23

4.2.1 Rechtliche Ausgestaltung.. 23

4.2.2 Bewertung... 25

4.2.3 Handlungsempfehlungen und Umsetzungsvorschläge................... 27

I

4.3 Beschäftigtendatenschutz im Bewerbungsverfahren..27

   4.3.1 Fragerecht des Arbeitgebers...28

      4.3.1.1 Rechtliche Ausgestaltung..28

         4.3.1.1.1   Fragen nach einer Schwerbehinderung..............................30

         4.3.1.1.2   Fragen nach einer Schwangerschaft...................................31

         4.3.1.1.3   Sondervorschriften für Tendenzunternehmen.....................32

      4.3.1.2 Bewertung...33

      4.3.1.3 Handlungsempfehlungen und Umsetzungsvorschläge....................36

   4.3.2 Ärztliche Einstellungsuntersuchungen und Eignungstests..........................36

      4.3.2.1 Rechtliche Ausgestaltung der Einstellungsuntersuchungen.............37

      4.3.2.2 Bewertung...39

      4.3.2.3 Rechtliche Ausgestaltung der Eignungstests...................................41

      4.3.2.4 Bewertung...42

      4.3.2.5 Exkurs: Untersuchungen und Eignungstests nach der Einstellung ... 43

      4.3.2.6 Handlungsempfehlungen und Umsetzungsvorschläge....................45

   4.3.3 Background-Checks im Internet und Sozialen Netzwerken.........................46

      4.3.3.1 Rechtliche Ausgestaltung...48

      4.3.3.2 Bewertung...51

      4.3.3.3 Handlungsempfehlungen und Umsetzungsvorschläge....................54

4.4 Überwachung und Kontrolle der Arbeitnehmer...55

   4.4.1 Beschäftigtendatenschutz vs. Compliance...55

      4.4.1.1 Begriffsdefinition und Compliance-Pflicht.....................................55

      4.4.1.2 Rechtliche Ausgestaltung...56

      4.4.1.3 Bewertung...62

      4.4.1.4 Handlungsempfehlungen und Umsetzungsvorschläge....................66

   4.4.2 Videoüberwachung...66

      4.4.2.1 Rechtliche Ausgestaltung...67

      4.4.2.2 Bewertung...71

      4.4.2.3 Handlungsempfehlungen und Umsetzungsvorschläge....................75

4.4.3 Kontrolle von Telefon, Internet und E-Mail 76

4.4.3.1 Rechtliche Ausgestaltung 76

4.4.3.1.1 Verkehrsdaten sämtlicher Telekommunikationsdienste 78

4.4.3.1.2 Inhaltsdaten von Telefongesprächen 79

4.4.3.1.3 Inhaltsdaten sonstiger Telekommunikationsdienste 80

4.4.3.1.4 Der abgeschlossene Telekommunikationsvorgang 81

4.4.3.2 Bewertung 82

4.4.3.3 Handlungsempfehlungen und Umsetzungsvorschläge 86

5 Zusammenfassung und Ausblick **87**

5.1 Zusammenfassung 87

5.2 Stellungnahme zum Gesetzesentwurf 90

5.3 Ausblick 93

IV. Literaturverzeichnis .... **IX**

V. Anhangsverzeichnis .... **XXVIII**

II. Abkürzungsverzeichnis

a.A.	anderer Ansicht
Abl.	Amtsblatt
AEU	Vertrag über die Arbeitsweise der Europäischen Union
AG	Aktiengesellschaft
AGB	Allgemeine Geschäftsbedingungen
AGG	Allgemeines Gleichbehandlungsgesetz
AktG	Aktiengesetz
ArbG	Arbeitsgericht
ArbRAktuell	ArbeitsrechtAktuell
Art.	Artikel
ASiG	Gesetz über Betriebsärzte, Sicherheitsingenieure und andere Fachkräfte für Arbeitssicherheit
AuA	Arbeit und Arbeitsrecht
AuR	Arbeit und Recht
BAG	Bundesarbeitsgericht
BB	Betriebs-Berater
BbgDSG	Brandenburgisches Datenschutzgesetz
BDA	Bundesvereinigung der Deutschen Arbeitgeberverbände
BDI	Bundesverband der Deutschen Industrie e.V.
BDSG	Bundesdatenschutzgesetz
BDSG-E	Bundesdatenschutzgesetz-Entwurf
BeckRS	Beck-Rechtsprechung
BGB	Bürgerliches Gesetzbuch
BGBl.	Bundesgesetzblatt
BMELV	Bundesministerium für Ernährung, Landwirtschaft und Verbraucherschutz
BMI	Bundesministerium des Innern
BR-Drs.	Bundesratsdrucksache

BrDSG	Bremisches Datenschutzgesetz
bspw.	beispielsweise
BT-Drs.	Bundestagsdrucksache
BVerfG	Bundesverfassungsgericht
BZRG	Gesetz über das Zentralregister und das Erziehungsregister
bzw.	beziehungsweise
CR	Computer und Recht
DAV	Deutscher Anwaltverein
DB	Deutsche Bahn
ders.	derselbe
DStR	Deutsches Steuerrecht
DuD	Datenschutz und Datensicherheit
EG	Europäische Gemeinschaft
et al.	et alia
EuGH	Europäischer Gerichtshof
EuZW	Europäische Zeitschrift für Wirtschaftsrecht
f.	folgende
ff.	fortfolgende
FD-ArbR	Fachdienst Arbeitsrecht
FS	Festschrift
gem.	gemäß
GG	Grundgesetz
GVBl.	Gesetz- und Verordnungsblatt
GWR	Gesellschafts- und Wirtschaftsrecht
h.M.	herschende Meinung
HessDSG	Hessisches Datenschutzgesetz
HmbDSG	Hamburgisches Datenschutzgesetz
Hs.	Halbsatz
HSI	Hugo Sinzheimer Institut
i.S.d.	im Sinne des
i.V.m.	in Verbindung mit

ITRB	IT-Rechts-Berater
JuS	Juristische Schulung
KUG	Kunsturhebergesetz
LAG	Landesarbeitsgericht
LDSG	Landesdatenschutzgesetz
LDSG-SH	Landesdatenschutzgesetz Schleswig-Holstein
lit.	littera
m.w.N.	mit weiteren Nachweisen
MMR	MultiMedia und Recht
NJOZ	Neue Juritische Online Zeitschrift
NJW	Neue Juristische Wochenschrift
Nr.	Nummer
NZA	Neue Zeitschrift für Arbeitsrecht
NZG	Neue Zeitschrift für Gesellschaftsrecht
PersR	Personalrat
PersV	Die Personalvertretung
RdA	Recht der Arbeit
RDG	Gesetz über außergerichtliche Rechtsdienstleistungen
RDV	Verordnung zum Rechtsdienstleistungsgesetz
Rn.	Randnummer
S.	Seite
SGB	Sozialgesetzbuch
sog.	sogenannt
StGB	Strafgesetzbuch
TKG	Telekommunikationsgesetz
TMG	Telemediengesetz
ULD	Unabhängiges Landeszentrum für Datenschutz
Urt. v.	Urteil vom
usw.	und so weiter
VGH	Verwaltungsgerichtshof
vgl.	vergleiche

WpHG	Wertpapierhandelsgesetz
WRV	Weimarer Verfassung
WSI	Wirtschafts- und Sozialwissenschaftliches Institut der Hans-Böckler-Stiftung
z.B.	zum Beispiel
ZRP	Zeitschrift für Rechtspolitik

III. Abbildungsverzeichnis

Abbildung 1:   **Soziale Netzwerke**

Quelle:

Eigene Darstellung in Anlehnung an NetAthlet.

http://www.netathlet.com/wp-content/uploads/smblog-450x320.jpg

(Download 12.06.2011)

Abbildung 2:   **Besucheranzahl**

Quelle:

Eigene Darstellung in Anlehnung an den Google Ad Planner.

http://www.google.com/adplanner

(Download 13.06.2011)

1 Thematische Hinführung

Der missbräuchliche Umgang mit Beschäftigtendaten[1] und die damit einhergehenden Verletzungen von Datenschutzvorschriften sind heutzutage allgegenwärtig: Dies zeigen insbesondere die Ergebnisse der erst kürzlich erfolgten WSI-Betriebsrätebefragung[2] der Hans-Böckler-Stiftung aus dem Jahre 2010, wonach es in jedem siebten Betrieb[3] zur Missachtung von Datenschutzvorschriften kam. In ca. 35% der Fälle war hiervon eine Einzelperson, in 20% sogar die gesamte Belegschaft betroffen.[4] Da allerdings nicht jeder Fall einer Datenschutzverletzung aufgedeckt wird, dürfte die Dunkelziffer noch wesentlich höher liegen. Einer der Hauptgründe hierfür ist die technische Entwicklung der letzten Jahre und die damit verbundenen Kontrollmöglichkeiten. Erwähnt seien hier beispielhaft die Auswertungen von Internetnutzungen, biometrischen Verfahren oder Videoaufnahmen. In dieser technisch immer komplexer werdenden, Umwelt scheint die Verletzung von Arbeitnehmerrechten daher kaum noch vermeidbar. Dass dies keine reine Theorie ist, spiegelt die Vielzahl der in den letzten Jahren an die Öffentlichkeit gelangten Datenschutzskandale wieder: So ließ die *Deutsche Bahn* rund 173.000 Mitarbeiter ohne deren Wissen heimlich „bespitzeln", um damit mögliche Korruptionsfälle zu bekämpfen.[5] Ähnlich verfuhr die *Deutsche Telekom*, als sie die Telefonanschlüsse ihrer Arbeitnehmer überwachen ließ.[6] Erschüttert wurde die Öffentlichkeit zudem durch den Fall des Lebensmitteldiscounters *Lidl*, bei dem Mitarbeiter durch heimliche Videoaufnahmen überwacht und sogar umfangreiche Dossiers über deren Privatleben erstellt wurden.[7]

Diese Datenskandale hatten jedoch die positive Folge, dass das allgemeine Bewusstsein für Datenschutz in der Gesellschaft geschärft wurde. So hat auch der Gesetzgeber hieraus Konsequenzen gezogen und als Antwort die seit vielen Jahrzehnten diskutierte Schaffung einer gesetzlichen Regelung zum Arbeitnehmerdatenschutz[8] durch die Vorlage eines entsprechenden Gesetzesentwurfs nunmehr verwirklicht. Nach mehreren Re-

---

[1] Zum Zwecke der leichteren Lesbarkeit wird auf die doppelte Nennung weiblicher und männlicher Bezeichnungen verzichtet. In diesem Buch sind stets sowohl männliche als auch weibliche Personen gemeint.
[2] Vgl. Behrens, WSI-Report 05/2010, S. 1 ff.
[3] Erfasst wurden nur Betriebe mit Betriebsrat und mehr als 20 Beschäftigten.
[4] Vgl. Behrens, WSI-Report 05/2010, S. 3 f.
[5] Vgl. Kock/Francke, NZA 2009, S. 646; Gatzke (2009): Online im Internet.
[6] Vgl. Scherer, MMR 2008, S. 433; Haustein-Teßmer (2008): Online im Internet.
[7] Vgl. Oberwetter, NZA 2008, S. 609; Lill (2008): Online im Internet; Klopp (2010): Online im Internet.
[8] In diesem Buch werden die Begriffe „Arbeitnehmerdatenschutz" und „Beschäftigtendatenschutz" synonym verwendet. Unter den Anwendungsbereich fallen daher gem. § 3 XI Nr. 7 BDSG auch Bewerber sowie Personen, deren Arbeitsverhältnis bereits beendet ist.

ferentenentwürfen des BMI legte die Regierungskoalition am 25.08.2010 ihren ersten Entwurf zur Regelung des Beschäftigtendatenschutzes vor.[9] Nach einer Stellungnahme des Bundesrates sowie einer Gegenäußerung der Regierung wurde dieser Entwurf nochmals leicht verändert und in dieser Form als vorläufige Endfassung am 15.12.2010 veröffentlich.[10] Die nachfolgenden Ausführungen beziehen sich allesamt auf diese Fassung.

Dieser Entwurf beinhaltet kein eigenes Arbeitnehmerdatenschutzgesetz, sondern stellt lediglich eine Einfügung mehrerer Paragraphen (im Folgenden BDSG-E genannt) ins bereits vorhandene BDSG dar. Dieser Umstand ist einer der Gründe, warum sich das Gesetzgebungsverfahren indes steinig gestaltet. So erntete der Entwurf bei der ersten Lesung im Bundestag am 25.02.2011 nochmals harsche Kritik und wurde im Anschluss an den Innenausschuss zur weiteren Beratung überwiesen. Dort fand am 23.05.2011 sodann eine öffentliche Sachverständigenanhörung statt, bei der die Neuregelungen zum Beschäftigtendatenschutz nochmals ausgiebig diskutiert wurden. Vor dem Hintergrund unzähliger kontroverser Meinungen ist es fraglich, ob der Entwurf noch in diesem Jahr in Gesetzesform gegossen wird. Nichtsdestotrotz wird er sich teilweise einschneidend auf die Personalpraxis auswirken.[11] Hervorzuheben ist jedenfalls die hohe Anzahl an Aufsätzen und Stellungnahmen seit der Veröffentlichung des Gesetzesentwurfs im August 2010. Ob es sich dabei um Kritik oder Zustimmung handelt – für reichlich Diskussion hat der Entwurf zum Beschäftigtendatenschutzgesetz bereits gesorgt. Aber auf welche speziellen Bereiche hat sich der Entwurf überhaupt ausgewirkt und wie hat sich deren bisherige Rechtslage verändert? Kurzum: Was erwartet die Unternehmen hinsichtlich ihrer Datenschutzpflichten im Arbeitsverhältnis? Das vorliegende Buch will der Beantwortung dieser Fragen nachgehen und den Unternehmen Handlungsempfehlungen und Umsetzungsvorschläge aufzeigen.

Hierzu wird zunächst eine kurze Einführung in das Datenschutzrecht (Kapitel 2) gegeben. Anschließend sollen die derzeitigen Rechtsquellen des Beschäftigtendatenschutzes (Kapitel 3) kurz beleuchtet werden, damit anhand dieser im Schwerpunkt ausgewählte Problembereiche (Kapitel 4) dahingehend untersucht werden können, inwieweit sich deren Rechtslage durch die geplanten Neuregelungen verändert hat. Infolgedessen wer-

---

[9] Vgl. BMI-Regierungsentwurf (2010): Online im Internet.
[10] Vgl. Entwurf eines Gesetzes zur Regelung des Beschäftigtendatenschutzes vom 15.12.2010, BT-Drs. 17/4230.
[11] Vgl. Künzel, AuA 2011, S. 210.

den den Unternehmen Handlungsempfehlungen sowie Umsetzungsvorschläge für die Praxis unterbreitet. Abschließend erfolgen eine Zusammenfassung der rechtlichen Veränderungen, eine Stellungnahme zum Gesetzesentwurf sowie ein kurzer Ausblick für die Zukunft (Kapitel 5). An dieser Stelle sei zudem auf den Leitfaden im Anhang verwiesen, in dem sich eine Darstellung der jeweiligen Handlungsempfehlungen und Umsetzungsvorschläge finden lässt.

2 Einführung in das Datenschutzrecht

Der Begriff des „Datenschutzes" ist mittlerweile in der Sprache der Jurisprudenz fest verankert. In seiner Bedeutung ist er allerdings irreführend, denn die Funktion des Datenschutzes ist nicht der Schutz von Daten, wie es der Wortlaut vermuten lässt, sondern der Schutz eines Betroffenen, der vor etwaigen Gefahren bei der Datenverarbeitung bewahrt werden soll.[12] Diesen Zweck, bzw. dieses Ziel hat der Gesetzgeber auch in einer Art Legaldefinition in § 1 I BDSG festgelegt.[13] Danach ist der Einzelne davor zu schützen, dass er durch den Umgang mit seinen personenbezogenen Daten in seinem Persönlichkeitsrecht beeinträchtigt wird.[14] Die Aufgabe des Datenschutzes ist es folglich, den „gläsernen Menschen" zu verhindern, indem er bestimmt, welche Verwendung von Daten zulässig ist und ob diese Daten überhaupt gespeichert werden dürfen. Um diese Aufgaben wahren zu können, sind Rechtsvorschriften unerlässlich. Wie sich diese in den letzten Jahrzehnten entwickelt haben wird in den kommenden Abschnitten aufgezeigt.

2.1 Historische Entwicklung des Datenschutzes

Die ersten Bestrebungen des Datenschutzes fanden zu Beginn der 60er Jahre statt. Angestoßen durch die ersten Erfahrungen mit dem Einsatz neuer Informationstechnologien in den USA wuchs damals die Erkenntnis, dass diesen Entwicklungen Rahmenbedingungen gesetzt werden müssen. Der Grund hierfür war, dass diese Technologien erstmals automatisierte Datenverarbeitungen und damit einhergehende Eingriffe in das Persönlichkeitsrecht von Arbeitnehmern ermöglichten. Ein Datenschutz und diesbezügliche

---

[12] Vgl. Weichert et al./Weichert (2007): Einleitung, Rn. 1; Vogelsang, CR 1995, S. 554; Faber, RDV 2003, S. 278; Wohlgemuth (1988): S. 5; Gola/Wronka (2010): Rn. 4.

[13] Der Begriff „Datenschutz" wird im Gesetz nicht ausdrücklich genannt, daher handelt es sich nicht um eine Legaldefinition im gesetzestechnischen Sinne.

[14] Vgl. Küttner/Griese (2011): Datenschutz, Rn. 1; Bull (2009): S. 27 f.; Gola/Schomerus- Gola/Schomerus (2010): § 1 BDSG, Rn. 1; ErfK/Wank (2011): § 1 BDSG, Rn. 1.

Regelungen wurden somit unumgänglich.[15] Der Vorreiter für entsprechende Regelungen zum Datenschutz war das Bundesland Hessen, wo im Jahre 1970 das weltweit erste Datenschutzgesetz[16] verabschiedet worden ist.[17] Zwar wurde bereits ein Jahr später ein erster Referentenentwurf für ein Datenschutzgesetz auf Bundesebene vorgelegt, dennoch dauerte es aufgrund von unzähligen Datenschutzdiskussionen und -beratungen bis zum 01.02.1977, bis die Erstfassung des BDSG[18] im Bundesgesetzblatt verkündet wurde. Dies führte in der Folgezeit dazu, dass bis 1981 in sämtlichen Bundesländern – mit Ausnahme der nach der Wiedervereinigung hinzugekommenen Neuen Bundesländer – teils neue, teils novellierte Landesdatenschutzgesetze beschlossen worden sind.[19]

In den Folgejahren gab es unzählige Anläufe zur Novellierung des BDSG.[20] Einen starken Einfluss übte hierbei das im Jahre 1983 ergangene Volkszählungsurteil[21] des BVerfG aus. Dieses ging auf eine Verfassungsbeschwerde gegen das Volkszählungsgesetz[22] zurück, wonach eine umfangreiche Volkszählung durchgeführt werden sollte. In der Begründung dieses Urteils hat das BVerfG aus Art. 2 I i.V.m. Art. 1 I GG ein besonderes Recht auf „informationelle Selbstbestimmung" entwickelt und hierdurch den verfassungsrechtlichen Rang des Datenschutzes manifestiert. Danach soll jeder Einzelne grundsätzlich selbst über die Freigabe und Verwendung seiner persönlichen Daten bestimmen können.[23] Damit hatte sich das Datenschutzrecht grundlegend gewandelt, weshalb eine Erneuerung und Erweiterung der Datenschutznormen, insbesondere des BDSG, unumgänglich wurde. Diese Novellierung, die bis ins Jahr 1990 andauerte, wurde den Grundlagen des Volkszählungsurteils zwar gerecht; der Gesetzgeber tat hierbei allerdings nur das Nötigste, denn die Weiterentwicklung hielt sich in sehr engem Rahmen und hat konzeptionelle Neuerungen grundsätzlich vermieden.[24]

---

[15] Vgl. Bull (2009): S. 23 f.; Gola/Wronka (2010): Rn. 33.

[16] Hessisches Datenschutzgesetz vom 07.10.1970, GVBl. I S. 625.

[17] Vgl. Simitis, NJW 1998, S. 2473; Gola/Schomerus- Gola/Schomerus (2010): Einleitung, Rn. 1.

[18] Gesetz zum Schutz vor Missbrauch personenbezogener Daten bei der Datenverarbeitung (BDSG 1977) vom 27.01.1977, BGBl. I S. 201.

[19] Vgl. Gola/Wronka (2010): Rn. 34.

[20] Vgl. Gola, NJW 1983, S. 915; NJW 1984, S. 1155; NJW 1985, S. 1196; NJW 1986, S. 1913; NJW 1987, S. 1675; NJW 1988, S. 1637; Gola/Schomerus- Gola/Schomerus (2010): Einleitung, Rn. 5, wonach dem Parlament insgesamt zehn Gesetzesentwürfe vorgelegen haben.

[21] BVerfG Urt. v. 15.12.1983 (1 BvR 209/83) in: NJW 1984, S. 419.

[22] Gesetz über eine Volks-, Berufs-, Wohnungs- und Arbeitsstättenzählung (Volkszählungsgesetz 1983) vom 25.03.1982, BGBl. I S. 369.

[23] Vgl. BVerfG Urt. v. 15.12.1983 (1 BvR 209/83) in: NJW 1984, S. 419; Däubler (2010): Rn. 80.

[24] Vgl. Däubler (2010): Rn. 935; Gola/Schomerus- Gola/Schomerus (2010): Einleitung, Rn. 7.

Den nächsten bedeutenden Anstoß zur Neuregulierung bekam das Datenschutzrecht durch die Entwicklungen auf europarechtlicher Ebene. So wurde nach mehrjährigen Verhandlungen 1995 die EG-Datenschutzrichtlinie „zum Schutz natürlicher Personen bei der Verarbeitung personenbezogener Daten und zum freien Datenverkehr"[25] erlassen, die innerhalb von drei Jahren in innerstaatliches Recht umgesetzt werden sollte.[26] Da die Richtlinie keine grundlegenden Neuerungen enthielt, sondern nur an die bestehende Rechtslage in Deutschland anknüpfte, waren keine massiven Veränderungen für das deutsche Datenschutzrecht notwendig.[27] Dennoch ist sie, getreu der traditionellen Umsetzungsträgheit des deutschen Gesetzgebers, erst am 18.05.2001 und damit mehr als zweieinhalb Jahre nach Ablauf der Umsetzungsfrist durch eine zweite Novellierung des BDSG in das deutsche Recht transformiert worden.[28] Die Ursache hierfür ist laut *Däubler*, dass sie mehr als lästiger Zwang, denn als Impulsgeber angesehen wurde.[29] Allerdings wurde diese Verzögerung auch durch das Ende der Legislaturperiode sowie diverse Forderungen aus dem Schrifttum nach einer umfassenden Modernisierung des Datenschutzrechts bedingt.[30] Trotz vorangeschrittener Planung musste von dieser jedoch aus Zeitgründen abgesehen werden, aber sie sollte der Novellierung als „zweite Stufe" zügig nachfolgen.[31] Erwähnenswerte Neuheiten der Richtlinienumsetzung waren insbesondere die Grundsätze der Datenvermeidung und -sparsamkeit sowie die Zulässigkeit von Videoüberwachungen oder der Umgang mit sensiblen Daten.[32] Die angestrebte grundlegende Modernisierung ist allerdings bis zum heutigen Tage nicht geschehen.[33] Zwar gab es die BDSG-Novellen I-III,[34] zu mehr als Einzelregelungen oder systemimmanenten Weiterentwicklungen ist es aber nie gekommen.[35]

---

[25] Richtlinie 95/46/EG vom 24.10.1995, ABl. EG 1995 Nr. L281, S. 31.
[26] Vgl. zum Inhalt der Richtlinie Rüpke, ZRP 1995, S. 185.
[27] Vgl. Brühann/Zerdick, CR 1996, S. 429; Wohlgemuth, BB 1996, S. 690.
[28] Gesetz zur Änderung des Bundesdatenschutzgesetzes und anderer Gesetze (BDSG 2001) vom 18.05.2001, BGBl. I S. 904.
[29] Vgl. Däubler (2010): Rn. 936.
[30] Vgl. Gola/Schomerus- Gola/Schomerus (2010): Einleitung, Rn. 11.
[31] Vgl. Gola/Wronka (2010): Rn. 40.
[32] Vgl. Besgen/Prinz (2009): § 10, Rn. 6; Gola/Schomerus- Gola/Schomerus (2010): Einleitung, Rn. 12.
[33] Vgl. Gola/Wronka (2010): Rn. 44.
[34] Gesetz zur Änderung des Bundesdatenschutzgesetzes (BDSGÄndG) vom 29.07.2009, BGBl. I S. 2254; Gesetz zur Änderung datenschutzrechtlicher Vorschriften (DSÄndG) vom 14.08.2009, BGBl. I S. 2814; Gesetz zur Umsetzung der Verbraucherkreditrichtlinie, des zivilrechtlichen Teils der Zahlungsdiensterichtlinie sowie zur Neuordnung der Vorschriften über das Widerrufs- und Rückgaberecht (VerbrKredRLUG) vom 29.07.2009, BGBl. I S. 2355.
[35] Vgl. Däubler (2010): Rn. 939; Gola/Schomerus- Gola/Schomerus (2010): Einleitung, Rn. 22 ff.

2.2 Jüngste Entwicklungen zum Beschäftigtendatenschutz

Für den Bereich des Arbeitnehmerdatenschutzes ist allerdings insbesondere die BDSG-Novelle II von ausgesprochener Bedeutung. So hat der Gesetzgeber, angetrieben durch die bereits angeführten Datenschutzskandale[36] und einer zunehmenden Mitarbeiterkontrolle, in dieser Novellierung einen ersten Schritt in Richtung einer gesetzlichen Regelung des Beschäftigtendatenschutzes vollzogen, indem er den § 32 BDSG neugestaltete.[37] Dabei wurde indes kein neuer Arbeitnehmerdatenschutz kodifiziert, sondern lediglich die bisher geltenden Grundsätze zusammengefasst, was ein künftiges Gesetz aber weder entbehrlich machen noch inhaltlich präjudizieren sollte.[38]

Im Zuge dieser Novellierung war die Ausgestaltung des § 32 BDSG anfänglich gar nicht vorgesehen, da lediglich einige Änderungen des BDSG in Bezug auf den Verbraucherschutz vor Adresshandel und Kontoinformationsweitergabe erfolgen sollten.[39] Nichtsdestotrotz wurde er, insbesondere auf Bitte des Bundesrates und vor dem Hintergrund des Datenskandals bei der Deutschen Bahn AG, ohne intensive Vorarbeit kurz vor Ende der Legislaturperiode in die BDSG-Novelle II aufgenommen.[40] Da es sich folglich um einen gesetzgeberischen Schnellschuss handelte, waren Unstimmigkeiten und Anwendungsprobleme kaum zu vermeiden.[41] Aus diesem Grund erfuhr der neue § 32 BDSG erhebliche Kritik in der Literatur.[42] Daneben war auch der Bundesrat mit der Ausgestaltung dieser Regelung unzufrieden und bemängelte insbesondere, dass der Beschäftigtendatenschutz hierdurch nur rudimentär kodifiziert wurde und sich dieser vor allem rechtsunkundigen kaum zu erschließen vermag.[43] Dies konnte vom Gesetzgeber jedoch billigend in Kauf genommen werden, da zeitgleich mit der Schaffung des § 32 BDSG eine umfangreiche gesetzliche Regelung für den Datenschutz im Arbeitsverhält-

---

[36] Vgl. hierzu Kapitel 1.
[37] Vgl. Gola/Klug, NJW 2010, S. 2485; Däubler (2010): Rn. 182a; Gola/Wronka (2010): Rn. 49.
[38] Vgl. Beschlussempfehlung und Bericht des BT-Innenausschusses vom 01.07.2009, BT-Drs. 16/13657, S. 34 f.; ErfK/Wank (2011): § 32 BDSG, Rn. 1; Thüsing, NZA 2009, S. 870.
[39] Vgl. Schmidt, DuD 2010, S. 208; ErfK/Wank (2011): § 32 BDSG, Rn. 1.
[40] Vgl. Stellungnahme des Bundesrates zum Entwurf eines Gesetzes zur Regelung des Datenschutzaudits und zur Änderung datenschutzrechtlicher Vorschriften vom 18.02.2009, BT-Drs. 16/12011, S. 66.
[41] Vgl. Wank, in: FS Schnapp (2008): S. 850; zu den Anwendungsproblemen vgl. Däubler (2010): Rn. 183 ff.; Gola/Schomerus- Gola/Schomerus (2010): § 32 BDSG, Rn. 3.
[42] Vgl. zur Kritik insbesondere Wybitul, BB 2010, S. 1085.
[43] Vgl. Empfehlung der Ausschüsse des Bundesrates zum Entwurf eines Gesetzes zur Regelung des Beschäftigtendatenschutzes vom 05.11.2010, BR-Drs. 535/2/10, S. 4.

nis angekündigt und anschließend durch die Vorlage eines entsprechenden Gesetzesentwurfs auch eingehalten worden ist.[44]

Nach der Einführung in das Datenschutzrecht, sollen im nächsten Kapitel die gegenwärtigen Rechtsquellen des Arbeitnehmerdatenschutzes im Fokus stehen, denn um aufzeigen zu können, welche Veränderungen durch das BDSG-E auf die Unternehmen zukommen, ist ein Vergleich mit der vorherigen Rechtslage unumgänglich.

3 Rechtsquellen des Beschäftigtendatenschutzes

Der Arbeitnehmerdatenschutz ist einer der verschlungensten Irrgärten des Arbeitsrechts überhaupt. Er zeichnet sich bisher insbesondere durch einen ausgeprägten Rechtsquellenpluralismus aus und stellt damit ein Spiegelbild der dem Arbeitsrecht immanenten Zersplitterung der Rechtsnormen in fachfremde Nebengesetze dar.[45] Zwar ergibt sich der rechtliche Rahmen für den Beschäftigtendatenschutz teilweise aus diesen Nebengesetzen, doch in vielen Problembereichen fehlt es an jeglichen gesetzlichen Regelungen. Daher war es lange Zeit Aufgabe der Rechtsprechung in diesen Bereichen für einen angemessenen Datenschutz im Arbeitsverhältnis zu sorgen. Gerade vor diesem Hintergrund ist eine kompakte Ausgestaltung dieses Rechtsbereichs durch das BDSG-E besonders zu begrüßen.[46]

Im Folgenden werden sodann die gegenwärtigen Rechtsquellen des Beschäftigtendatenschutzes kurz umrissen sowie ein kurzer Einstieg ins BDSG-E gegeben.

3.1 Regelungen des Grundgesetzes

Zu Beginn dieser Darstellung ist als grundlegendste Rechtsquelle das Grundgesetz zu nennen. Dabei erscheint es sinnvoll, eine Differenzierung zwischen den Arbeitnehmer- und den Arbeitgebergrundrechten vorzunehmen, da auf beiden Seiten schutzwürdige Belange zu finden sind.[47] Zunächst soll an dieser Stelle allerdings geklärt werden, ob zwischen diesen beiden Parteien die Grundrechte überhaupt eine Wirkung entfalten.

---

[44] Vgl. Gola/Klug, NJW 2010, S. 2483; Deutsch/Diller, DB 2009, S. 1462; Wybitul, BB 2009, S. 1582; Gola/Wronka (2010): Rn. 56; ErfK/Wank (2011): Einleitung BDSG, Rn. 12.
[45] Vgl. hierzu auch Gola/Wronka (2010): Rn. 27 ff.
[46] Vgl. Empfehlung der Ausschüsse des Bundesrates zum Entwurf eines Gesetzes zur Regelung des Beschäftigtendatenschutzes vom 05.11.2010, BR-Drs. 535/2/10, S. 5.
[47] Vgl. ErfK/Wank (2011): Einleitung BDSG, Rn. 6.

3.1.1 Wirkung der Grundrechte

Grundsätzlich dienen die Grundrechte des Grundgesetzes als Freiheits- und Abwehr-
rechte gegenüber hoheitlicher Gewalt und wirken folglich nicht ohne Weiteres im Verhältnis zwischen Arbeitnehmer und Arbeitgeber.[48] Dies ergibt sich indirekt aus dem Art.
1 III GG, wonach die Grundrechte die Gesetzgebung, die vollziehende Gewalt sowie die
Rechtsprechung als unmittelbar geltendes Recht binden.[49] Nach dem Wortlaut der Vorschrift ist es durchaus legitim, diese Aufzählung als abschließend zu betrachten, was zur
Folge hätte, dass private Rechtsträger nicht an die Grundrechte gebunden wären.[50] Dieses Problem haben auch die höchstrichterlichen Instanzen erkannt und daher in ihren
Entscheidungen klargestellt, dass das Grundgesetz keine wertneutrale Ordnung ist, sondern in seinem Grundrechtsabschnitt objektive Grundentscheidungen enthält, die für
alle Bereiche des Rechts, also auch für das Zivilrecht, gelten.[51] Man spricht dabei von
der sog. Drittwirkung von Grundrechten.[52] Es ist zwar streitig, ob es sich dabei um eine
mittelbare oder unmittelbare Drittwirkung handelt, dies kann an dieser Stelle jedoch
dahinstehen, da in beiden Fällen eine Wirkung zwischen den Arbeitsvertragsparteien zu
bejahen ist.[53] Somit sind die aus den Grundrechten abgeleiteten Schutzgebote auch vom
Arbeitgeber zu beachten, wenn er mit seinen Bewerbern oder Arbeitnehmern inter-
agiert.[54]

An dieser Stelle ist weiterhin anzumerken, dass Grundrechte nicht schrankenlos gewährt
werden können. Insbesondere im Arbeitsverkehr kollidieren die Grundrechte der Arbeitnehmer regelmäßig mit denen des Arbeitgebers.[55] Gäbe es keine Schranken, würden
somit Verletzungen anderer Schutzgüter grundrechtlich legitimiert und billigend in
Kauf genommen werden. Von daher kann es keine Garantie dafür geben, sein Grundrecht stets in vollem Umfang ausüben zu können.[56] Fällt ein Grundrecht der Arbeitsvertragsparteien unter eine solche Schranke, so muss sich diese Beschränkung allerdings
am Grundsatz der Verhältnismäßigkeit messen lassen; sie muss also geeignet, erforder-

---

[48] Vgl. Ipsen (2005): S. 30; Michalski (2005), S. 21; ErfK/Dieterich (2011): Einleitung zum GG, Rn. 25.
[49] Vgl. ErfK/Dieterich (2011): Art. 1 GG, Rn. 4; Seifert/Hömig- Antoni (2005): Art.1 GG, Rn. 20.
[50] Zur unterschiedlichen Bewertung dieser Frage vgl. Gola/Wronka (2010): Rn. 82 ff. m.w.N.
[51] Vgl. BVerfG Beschl. v. 07.02.1990 (1 BvR 26/84) in: NJW 1990, S. 1470; BAG Urt. v. 22.10.1986 (5 AZR 660/85) in: NJW 1987, S. 2461; BAG Beschl. v. 27.02.1985 (GS 1/84) in: NJW 1985, S. 2968.
[52] Vgl. hierzu auch Guckelberger, JuS 2003, S. 1151 ff.
[53] Vgl. Gola/Wronka (2010): Rn. 83 ff.; Gamillscheg (1989): S.28 ff.
[54] Vgl. MüHaAR/Richardi (2009): § 12, Rn. 35 f.
[55] Vgl. Ipsen (2005): S.46; ErfK/Wank (2011): Einleitung BDSG, Rn. 6.
[56] Vgl. ErfK/Wank (2011): Einleitung BDSG, Rn. 6.

lich und angemessen sein, um das verfolgte Ziel zu erreichen.[57] Der Eingriff in ein Grundrecht muss ferner entweder durch eine formell und materiell verfassungsgemäße Grundlage, womit vorwiegend Gesetze, aber auch schwächere Instrumente, wie z.b. Betriebsvereinbarungen, gemeint sind oder durch schutzwürdige Belange anderer Grundrechtsträger, wie bspw. des Arbeitgebers, gerechtfertigt sein.[58]

3.1.2 Arbeitnehmergrundrechte

Grundsätzlich kennt das Grundgesetz kein selbständiges Recht auf Datenschutz. Als juristischer Ausgangspunkt des Datenschutzes wird daher gemeinhin das aus Art. 2 I i.V.m. Art. 1 I GG abgeleitete *allgemeine Persönlichkeitsrecht* angesehen.[59] Aus diesem allgemeinen Grundrecht sind in regelmäßigen Abständen weitere spezielle Rechte durch die Judikative konkretisiert worden, die hinsichtlich des Beschäftigtendatenschutzes zusätzliche Schutzbereiche eröffnen.[60]

Eines dieser Rechte ist das bereits dargestellte *Recht auf informationelle Selbstbestimmung*, nach dem jeder Einzelne im Grundsatz selbst über die Freigabe und Verwendung seiner persönlichen Daten bestimmen können soll.[61] Das BVerfG hat dieses Recht aus dem allgemeinen Persönlichkeitsrecht abgeleitet, weil die modernen Informationstechnologien zunehmend Einzelangaben über Personen zusammenführen konnten und damit immer umfangreichere individuelle Auswertungen möglich machten.[62]

Der Persönlichkeitsschutz der Arbeitnehmer geht jedoch weit über das informationelle Selbstbestimmungsrecht in seiner datenschutzrechtlichen Ausgestaltung hinaus. So umfasst der Schutzbereich außerdem das *Recht am eigenen Bild*.[63] Dieses Recht schützt den Arbeitnehmer vor jeder Art der unberechtigten Anfertigung, Verbreitung oder Veröffentlichung einer bildlichen Darstellung seiner Person entweder durch stoffliche Fixierung oder durch eine Direktübertragung seines Erscheinungsbildes mittels technischer Geräte.[64] Eine solche unerlaubte Darstellung würde einen Eingriff in die Freiheit

---

[57] Vgl. Ipsen (2005): S.51.
[58] Vgl. BVerfG Urt. v. 15.12.1983 (1 BvR 209/83) in: NJW 1984, S. 422; BAG Beschl. v. 26.08.2008 (1 ABR 16/07) in: NZA 2008, S. 1189.
[59] Vgl. Wohlgemuth (1988): S. 6 m.w.N.
[60] Vgl. Däubler (2010): Rn. 77.
[61] Vgl. BVerfG Urt. v. 15.12.1983 (1 BvR 209/83) in: NJW 1984, S. 419; ErfK/Wank (2011): Einleitung BDSG, Rn. 6.
[62] Vgl. Bull (2009): S. 32; Besgen/Prinz (2009): § 10, Rn. 5.
[63] Vgl. BAG Urt. v. 27.03.2003 (2 AZR 51/02) in: NZA 2003, S. 1194; vgl. zudem §§ 22, 23, 33 KUG.
[64] Vgl. BGH Urt. v. 12.12.1995 (VI ZR 223/94) in: NJW 1996, S. 986; BGH Urt. v. 26.06.1979 (VI ZR 108/78) in: NJW 1996, S. 986; Däubler (2010): Rn. 19.

der Selbstbestimmung und der freien Betätigung der Persönlichkeit eines Menschen darstellen.[65]

Eine weitere Ausprägung des allgemeinen Persönlichkeitsrechts ist das *Recht am gesprochenen Wort*. Durch dieses Recht verfügt jeder Einzelne über die Entscheidungsgewalt, welchem Adressatenkreis er seine gesprochenen Worte zugänglich machen möchte.[66] Hierdurch verfügt ein Arbeitnehmer über einen angemessenen Schutz vor der Verdinglichung seines Wortes bspw. durch heimliches Mithören oder heimliche Tonbandaufnahmen.[67]

Des Weiteren hat das BVerfG im Frühjahr 2008 in seiner viel beachteten Entscheidung zur Online-Durchsuchung aus Art. 2 I i.V.m. Art. 1 I GG das *Recht auf Gewährleistung der Vertraulichkeit und Integrität informationstechnischer Systeme* abgeleitet.[68] Aus diesem Recht leitet sich der Schutz von persönlichen Daten ab, die in informationstechnischen Systemen gespeichert oder verarbeitet werden. Diesbezüglich hat das BVerfG die Grundrechte der Art. 10 und 13 GG (Telekommunikationsgeheimnis und Unverletzlichkeit der Wohnung) sowie das Recht auf informationelle Selbstbestimmung als nicht ausreichend erachtet. Der Zugriff auf die in den IT-Systemen in erheblichem Maße vorhandenen persönlichen Daten gehe in seinem Gewicht weit über einzelne Datenerhebungen, wovon das Recht auf informationelle Selbstbestimmung ausgehe, hinaus.[69] Es soll daher vor allem als Auffanggrundrecht dienen, wenn ein angemessener Schutz des Arbeitnehmers durch die oben genannten Rechte nicht gewährleistet werden kann.

Auch wenn die Arbeitnehmer durch das ungleiche Machtverhältnis in ihrer Beziehung zum Arbeitgeber in der Regel schutzbedürftiger sind, dürfen den Arbeitgebern die Wahrung ihrer Interessen nicht verwehrt werden. Daher verdienen auch die Grundrechte des Arbeitgebers eine nähere Betrachtung.

---

[65] Vgl. BGH Urt. v. 14.02.1958 (I ZR 151/56) in: NJW 1958, S. 829 f.; Seifert/Hömig- Antoni (2005): Art.1 GG, Rn. 14.

[66] Vgl. BGH Urt. v. 18.02.2003 (XI ZR 165/02) in: NJW 2003, S. 1728; BAG Urt. v. 29.10.1997 (5 AZR 508/96) in: NJW 1998, S. 1332.

[67] Vgl. Däubler (2010): Rn. 10.

[68] Vgl. BVerfG Urt. v. 27.02.2008 (1 BvR 370/07, 595/07) in: NJW 2008, S. 822; instruktiv Hoeren, MMR 2008, S. 365 ff.; Wedde, AuR 2009, S. 373 ff.

[69] Vgl. BVerfG Urt. v. 27.02.2008 (1 BvR 370/07, 595/07) in: NJW 2008, S. 824; Bull (2009): S. 35; Gola/Schomerus- Gola/Schomerus (2010): Einleitung, Rn. 27; Gusy, DuD 2009, S. 39.

3.1.3 Arbeitgebergrundrechte

Die schutzwürdigen Belange des Arbeitgebers können sich aus dem *Grundrecht der Informationsfreiheit* ergeben. Der Art. 5 I 1 GG gewährleistet jedem das Recht, sich aus allgemein zugänglichen Quellen ohne gesetzliche Ermächtigung bspw. auch über personenbezogene Informationen zu unterrichten.[70]

Von besonderer Bedeutung ist zudem das *Grundrecht der freien unternehmerischen Betätigung*, das sich aus Art. 12 I GG ableitet. Dieses Recht schützt die Auswahl und Ausübung von erwerbsbezogenen Tätigkeiten in sämtlichen Formen zum Zwecke der Teilnahme am Wettbewerb.[71] Unter diesem Schutz stehen dabei insbesondere die Mittel und der Umfang sowie die gegenständliche Ausgestaltung der Betätigung, aber auch die freie Gründung sowie die Modalitäten der Führung von Unternehmen.[72] Auf diese Weise wird die unternehmerische Handlungsfreiheit also in ihrem gesamten Umfang grundrechtlich geschützt.

Des Weiteren ist auf Arbeitgeberseite noch das *Recht auf Eigentum* gem. Art. 14 I GG zu erwähnen, wodurch privatrechtliche vermögenswerte Rechte, wie etwa das Grundeigentum oder sonstige dingliche Rechte und Forderungen, geschützt werden.[73] Es wird in den Fällen tangiert, bei denen auf einen konkreten Bestand an Rechten und Gütern eingewirkt wird.[74] Das Eigentumsgrundrecht des Art. 14 I GG umfasst nach h.M. auch das *Recht am eingerichteten und ausgeübten Gewerbebetrieb*.[75] Diese Ausprägung schützt nicht nur den eigentlichen Bestand des Betriebes, sondern auch die „Substanz" der Sach- und Rechtsgesamtheit, also alles, was in seiner Gesamtheit den wirtschaftlichen Wert eines Betriebes ausmacht.[76] Abschließend sei zudem erwähnt, dass die Grundrechte der Art. 5, 12 und 14 GG gem. Art. 19 Abs. 3 GG auch juristischen Personen zustehen, da sie ihrem Wesen nach auf diese anzuwenden sind.[77]

---

[70] Vgl. Maunz/Dürig- Herzog (2011): Art. 5 GG, Rn. 81; Wente, NJW 1984, S. 1447.

[71] Vgl. ErfK/Dieterich/Schmidt (2011): Art. 12 GG, Rn. 9.

[72] Vgl. BVerfG Urt. v. 01.03.1979 (1 BvR 532, 533/77, 419/78, 1 BvL 21/78) in: NJW 1979, S. 708; Däubler (2010): Rn. 116; Jarass/Pieroth- Jarass (2006): Art. 12 GG, Rn. 8.

[73] Vgl. Maunz/Dürig- Papier (2011): Art. 14 GG, Rn. 55; Seifert/Hömig- Antoni (2005): Art. 14 GG, Rn. 3.

[74] Vgl. Däubler (2010): Rn. 115.

[75] Vgl. ErfK/Dieterich/Schmidt (2011): Art. 14 GG, Rn. 5; Schwarz (2003): S. 375; Maunz/Dürig- Papier (2011): Art. 14 GG, Rn. 95; Das BVerfG hat dies betont offengelassen und deutliche Zweifel geäußert, vgl. BVerfG Beschl. v. 22.05.1979 (1 BvL 9/75) in: NJW 1980, S. 384 ff.

[76] Vgl. BVerwG Beschl. v. 11.01.1983 (8 B 91/82) in: NJW 1983, S. 1810 f.; Maunz/Dürig- Papier (2011): Art. 14 GG, Rn. 95; Jarass/Pieroth- Jarass (2006): Art. 14 GG, Rn. 25.

[77] Vgl. Seifert/Hömig- Antoni (2005): Art. 12 GG, Rn. 2; Seifert/Hömig- Antoni (2005): Art. 14 GG, Rn. 1; Jarass/Pieroth- Jarass (2006): Art. 5 GG, Rn. 18.

3.2 Gesetzliche Regelungen

Auch gegenwärtig gibt es bereits einige gesetzliche Regelungen zum Beschäftigtendatenschutz, die sich jedoch über mehrere Einzelgesetze verteilen.[78] Da deren Anzahl im Laufe der Jahre stetig angestiegen ist, sollen an dieser Stelle nur die wichtigsten Bestimmungen kurz vorgestellt werden.

3.2.1 Regelungen des BDSG sowie der LDSG

Die wichtigsten gesetzlichen Regelungen enthält ohne Zweifel das BDSG. Dieses hat in erster Linie eine präventive Ausrichtung. Die Arbeitnehmer sollen hierdurch einen vorbeugenden Schutz vor einem zweckwidrigen und missbräuchlichen Umgang mit ihren personenbezogenen Daten genießen.[79] Da unzählige Vorschriften des BDSG den Arbeitnehmerdatenschutz zumindest mittelbar tangieren, werden nur die wichtigsten Grundsätze sowie der bisherige § 32 BDSG erläutert.

Der erste Grundsatz der Datenvermeidung und -sparsamkeit findet sich in § 3a BDSG. Dieser besagt, dass die Gestaltung und Auswahl von Datenverarbeitungssystemen so zu erfolgen haben, dass von Anfang an so wenig personenbezogene Daten wie möglich verarbeitet werden.[80] Durch den Einsatz solcher datenschutzfreundlicher Systeme sollen mögliche Grundrechtsgefährdungen der Arbeitnehmer bereits im Vorhinein, bspw. durch Anonymisierung oder Pseudonymisierung der personenbezogenen Daten, reduziert werden.[81]

Zu erwähnen ist des Weiteren das Verbotsprinzip mit Erlaubnisvorbehalt, welches in § 4 I BDSG verankert ist. Nach diesem Prinzip ist eine Erhebung, Verarbeitung und Nutzung von personenbezogenen Daten grundsätzlich verboten, es sei denn, diese ist durch eine andere Rechtsvorschrift oder durch die Einwilligung des Betroffenen ausnahmsweise erlaubt.[82] Das BDSG schafft auf diese Weise einen gesetzlichen Rahmen für die automatisierte Datenverarbeitung, der durch spezialgesetzliche Regelungen, wie auch durch Willenserklärungen des Betroffenen, näher ausgestaltet werden kann.[83]

---

[78] Vgl. Däubler (2010): Rn. 52 ff.; ErfK/Wank (2011): Einleitung BDSG, Rn. 8 ff.
[79] Vgl. Gola/Schomerus- Gola/Schomerus (2010): § 1 BDSG, Rn. 6; ErfK/Wank (2011): § 1 BDSG, Rn. 1; Erstellt ein Arbeitgeber z.B. eine Geburtstagsliste aus den Geburtsdaten aus der Lohnabrechnung, so ist diese Datenverarbeitung ohne vorherige Einwilligung der Arbeitnehmer unzulässig, da sie für die Durchführung des Arbeitsvertrages nicht erforderlich ist.
[80] Vgl. Besgen/Prinz (2009): § 10, Rn. 6; Däubler, NZA 2001, S. 876.
[81] Vgl. Gliss/Kramer (2006): S. 47; Besgen/Prinz (2009): § 10, Rn. 6.
[82] Vgl. Gola/Wronka (2010): Rn. 236 f.; Maties, NJW 2008, S. 2219; Küttner/Griese (2011): Datenschutz, Rn. 5 f.
[83] Vgl. Küttner/Griese (2011): Datenschutz, Rn. 4.

12

Von herausragender Bedeutung für den Arbeitnehmerdatenschutz ist gegenwärtig der §
32 BDSG, der am 01.09.2009 in Kraft getreten ist.[84] Nach § 32 I 1 BDSG dürfen personenbezogene Daten von Beschäftigten von Arbeitgebern nunmehr nur noch für Zwecke
des Beschäftigungsverhältnisses erhoben, verarbeitet oder genutzt werden.[85] Die Zulässigkeit orientiert sich dabei daran, ob diese Daten im Rahmen der verschiedenen Phasen
eines Arbeitsverhältnisses, also der Begründung, Durchführung oder Beendigung, erforderlich sind.[86] Er verdrängt damit als Spezialvorschrift die allgemeinere Norm des §
28 I 1 Nr. 1 BDSG.[87] Da der § 32 BDSG quasi als „Übergangsvorschrift" bis zur Verabschiedung eines Beschäftigtendatenschutzgesetzes eingeführt wurde,[88] wird an dieser
Stelle von einer näheren Betrachtung abgesehen.[89]

Für öffentliche Stellen der Länder können außerdem die jeweiligen LDSG einschlägig
sein, da sie gem. § 1 II Nr. 2 BDSG einen vorrangigen Charakter besitzen. So haben die
Länder bereits in zahlreichen LDSG Sonderbestimmungen für den Datenschutz im
Dienst- und Arbeitsverhältnis erlassen.[90]

3.2.2 Regelungen des BetrVG

Datenschutzrelevante Vorschriften finden sich ferner im BetrVG. Da es sich hierbei
vordergründig um mitbestimmungsrechtliche Aspekte zum Beschäftigtendatenschutz
handelt, sind diese Vorschriften grundsätzlich nur für mitbestimmte Betriebe einschlägig. Auf übergeordneter Ebene hat der Betriebsrat gem. § 75 II BetrVG die Verpflichtung gegen sämtliche Maßnahmen vorzugehen, die die Arbeitnehmer in der freien Entfaltung ihrer Persönlichkeit hindern.[91] Darüber hinaus verfügt der Betriebsrat über eine
Reihe von Informations-, Mitwirkungs- sowie Mitbestimmungsrechten, die im Falle von
datenschutzrechtlichen Fragen in Anspruch genommen werden können.[92]

---

[84] Auf der Grundlage des Gesetzes zur Änderung datenschutzrechtlicher Vorschriften (DSÄndG) vom 14.08.2009,
BGBl. I S. 2814.
[85] Vgl. Gola/Wronka (2010): Rn. 1070; ErfK/Wank (2011): § 32 BDSG, Rn. 2.
[86] Vgl. Wybitul, BB 2010, S. 1085; Gola/Schomerus- Gola/Schomerus (2010): § 32 BDSG, Rn. 10.
[87] Vgl. Beschlussempfehlung und Bericht des BT-Innenausschusses vom 01.07.2009, BT-Drs. 16/13657, S. 34.
[88] Vgl. ErfK/Wank (2011): § 32 BDSG, Rn. 1; Gola/Schomerus- Gola/Schomerus (2010): § 32 BDSG, Rn. 1.
[89] Zur Kritik am derzeitigen § 32 BDSG vgl. Kapitel 2.2.
[90] Vgl. ErfK/Wank (2011): Einleitung BDSG, Rn. 9; beispielhaft seien hier § 29 BbgDSG, § 20 BrDSG, § 28
HmbDSG, § 34 HessDSG sowie § 23 LDSG-SH angeführt.
[91] Vgl. Richardi/Richardi (2010): § 75 BetrVG, Rn. 44; Oberwetter, NZA 2008, S. 612; Gola/Wronka (2010): Rn. 72,
Däubler (2010): Rn. 698.
[92] Für eine Übersicht vgl. Schaub/Koch- Schaub (2009): Datenschutz, V; ErfK/Wank (2011): Einleitung BDSG, Rn.
10; Gola/Wronka (2010): Rn. 1676.

Die wohl wichtigste Vorschrift ist § 87 I Nr. 6 BetrVG, wonach der Betriebsrat über ein Mitbestimmungsrecht bei der Einführung und Anwendung von technischen Einrichtungen verfügt, die dazu bestimmt sind, das Verhalten oder die Leistung der Mitarbeiter zu überwachen. Dies ist bspw. bei der Installation von Videokameras oder der Einführung von Telekommunikationssystemen der Fall und soll vor allem dem Persönlichkeitsschutz der Arbeitnehmer dienen.[93] Daneben enthält das BetrVG ebenso Rechte des Arbeitnehmers. So gibt § 83 I BetrVG dem Arbeitnehmer das Recht, in die über ihn geführten Personalakten Einsicht zu nehmen.[94] Das Einsichtsrecht besteht sogar in Betrieben ohne Betriebsrat, da es über einen ausschließlich individualrechtlichen Charakter verfügt.[95]

3.3 Richterrecht

Vor dem Hintergrund, dass der Gesetzgeber bisher keine spezifische Regelung zum Beschäftigtendatenschutz verabschiedet hat, ist es lange Zeit die Aufgabe der Gerichte gewesen, in diesem Bereich Recht zu schaffen.[96] Somit hat sich im Laufe der Jahre ein überaus differenziertes Richterrecht zu dieser Materie entwickelt.[97] Es sind dabei unter anderem Entscheidungen ergangen:

- zum Umgang mit der Personalakte und den Mitarbeiterdaten,
- zum heimlichen Mithören von Telefongesprächen,
- zum Fragerecht des Arbeitgebers oder
- zur Videoüberwachung am Arbeitsplatz.

Nach der Darstellung der gegenwärtigen Regelungen soll im kommenden Abschnitt ein kurzer Einstieg in den Gesetzesentwurf zum Beschäftigtendatenschutz gegeben werden.

3.4 Das neue BDSG-E

Der Gesetzesentwurf zum BDSG-E geht auf eine Erklärung im Koalitionsvertrag der aktuellen Bundesregierung aus dem Jahre 2009 zurück, in der es heißt: „Es sollen praxisgerechte Regelungen für Bewerber und Arbeitnehmer geschaffen und gleichzeitig Arbeitgebern eine verlässliche Regelung für den Kampf gegen Korruption an die Hand

---

[93] Vgl. Richardi/Richardi (2010): § 87 BetrVG, Rn. 478 ff.; Däubler (2010): Rn. 689 ff.; Altenburg/Reinersdorff/Leister, MMR 2005b, S. 223.
[94] Vgl. Kilian/Heussen- Weichert/Kilian (2010): 1. Abschnitt, Teil 13, Individueller Arbeitnehmerdatenschutz, Rn. 30.
[95] Vgl. Richardi/Richardi (2010): § 83 BetrVG, Rn. 1 f.
[96] Vgl. Forst, NZA 2010b, S. 1043; Gliss/Kramer (2006): S. 18.
[97] Vgl. Kilian/Heussen- Weichert/Kilian (2010): 1. Abschnitt, Teil 13, Individueller Arbeitnehmerdatenschutz, Rn. 3.

14

gegeben werden."[98] Des Weiteren hat die schwarzgelbe Koalition vereinbart, das Bundesdatenschutzgesetz lesbarer und verständlicher zu machen.[99] An diesen Zielen wird das BDSG-E also zu messen sein.

Die Hauptaufgabe des Entwurfs ist die Gewährleistung eines angemessenen Schutzes der Arbeitnehmer vor überzogener Datenerhebung, -verarbeitung und -nutzung sowie vor unangemessener Kontrolle und Überwachung bei gleichzeitiger Beachtung des Informationsinteresses der Arbeitgeber.[100]

Zu diesem Zweck wurde der bisherige § 32 BDSG durch die § 32 bis § 32l BDSG-E ersetzt. Diese neuen Paragrafen erstrecken sich auf mehrere spezifische Problembereiche und behandeln dabei insbesondere:

- den Umgang mit Bewerberdaten einschließlich der ärztlichen Einstellungsuntersuchungen und Eignungstests (§§ 32 bis 32b),

- die Datenerhebung, -verarbeitung und -nutzung im Beschäftigungsverhältnis (§§ 32c bis 32d),

- die Aufdeckung und Verhinderung von Straftaten im Beschäftigungsverhältnis (§ 32e),

- die Videoüberwachung, den Einsatz von Ortungssystemen und biometrischen Verfahren (§§ 32f bis 32h),

- die Nutzung von Internet, Telefon und E-Mail (§ 32i) sowie

- den Umgang mit Einwilligungen und den Betriebsvereinbarungen (§ 32l).

Zusammenfassend lässt sich festhalten, dass sich die Bundesregierung durch diese Normen vor allem mit den jüngst öffentlich gewordenen Sünden der Großkonzerne aus den letzten Jahren auseinandergesetzt hat und hierzu entsprechende Regelungen in Gesetz zu gießen versucht. Welche Auswirkungen die Neuregelungen des BDSG-E haben und was sich hierdurch für die Unternehmen verändert, soll im nächsten Kapitel dieses Buches beleuchtet werden.[101]

---

[98] Koalitionsvertrag zwischen CDU, CSU und FDP der 17. Legislaturperiode vom 26.10.2009, S. 106.
[99] Vgl. Koalitionsvertrag zwischen CDU, CSU und FDP der 17. Legislaturperiode vom 26.10.2009, S. 105.
[100] Vgl. Entwurf eines Gesetzes zur Regelung des Beschäftigtendatenschutzes vom 15.12.2010, BT-Drs. 17/4230, S. 1; Empfehlung der Ausschüsse des Bundesrates zum Entwurf eines Gesetzes zur Regelung des Beschäftigtendatenschutzes vom 05.11.2010, BR-Drs. 535/2/10, S. 5.
[101] Unter dem Vorbehalt eventueller Änderungen im weiteren Gesetzgebungsverfahren.

4 Problembereiche

In der Praxis hat der Beschäftigtendatenschutz seit einiger Zeit unzählige Fragen aufgeworfen, die aus Sicht der Arbeitsvertragsparteien bisher nur unbefriedigend bzw. unvollständig gelöst sind. Diesen Rechtsunsicherheiten bspw. bei der Compliance, dem Einstellungsverfahren, der Videoüberwachung sowie in einigen weiteren Bereichen hat sich der Gesetzesentwurf jetzt angenommen und versucht beiden Vertragsparteien die nötigen Rechtsgrundlagen hierzu an die Hand zu geben. Die Vielfalt und Komplexität der Thematik bedingen dabei, dass dieser Abschnitt nicht sämtliche Aspekte des Entwurfs behandeln kann, sondern auf besonders wichtige und kontroverse Einzelfragen beschränkt werden muss. Aus diesem Grund sollen im Rahmen dieser Untersuchung nur die folgenden Problemfelder thematisiert werden:

- Einwilligung als Rechtfertigungsinstrument
- Betriebsvereinbarungen im Beschäftigtendatenschutz
- Beschäftigtendatenschutz im Bewerbungsverfahren
    - Fragerecht des Arbeitgebers
    - Einstellungsuntersuchungen und Eignungstests
    - Background-Checks und Soziale Netzwerke
- Überwachung und Kontrolle der Arbeitnehmer
    - Beschäftigtendatenschutz vs. Compliance
    - Videoüberwachung
    - Kontrolle von Telefon, Internet und E-Mail

Hierzu wird nach einer bündigen Darstellung der bisherigen die neue Rechtslage vorgestellt und abschließend eine Bewertung der Neuerungen mit entsprechenden Empfehlungen und Umsetzungsvorschlägen für die Unternehmen vorgenommen.

4.1 Einwilligung als Rechtfertigungsinstrument

Zur Legitimation einer Datenerhebung oder -verwendung greifen Unternehmen gegenwärtig oftmals auf das Rechtfertigungsinstrument der Einwilligung zurück, denn auf diese Weise kann das potenzielle Risiko vermieden werden, dass eine gesetzliche Rechtfertigungsgrundlage unter Umständen doch nicht einschlägig ist. Allerdings ist die Funktion der Einwilligung im Arbeitsverhältnis bereits nach derzeitiger Rechtslage nicht gänzlich unumstritten.[102] Daher hat sich der Gesetzgeber sein Reformvorhaben zum Anlass genommen, die Einsatzfähigkeit dieses Instrumentes zu überdenken.

4.1.1 Rechtliche Ausgestaltung

Ist eine Erhebung oder Verarbeitung von personenbezogenen Daten nicht durch eine Rechtsnorm gestattet, ist nach *bisheriger Rechtslage* eine Zustimmung durch den betroffenen Arbeitnehmer erforderlich.[103] Da es sich in diesem Fall um eine Einwilligung handelt, muss sie gem. § 183 BGB vor der datenschutzrechtlichen Maßnahme erteilt werden, da diese ansonsten unwirksam wäre.[104] Die Einwilligung ist im Datenschutzrecht als Erlaubnisnorm und Steuerungsinstrument in § 4 I BDSG manifestiert. Sie stellt damit eine der Durchbrechungen des Verbotsprinzips der Erhebung von personenbezogenen Daten dar.[105] Die inhaltlichen und formalen Anforderungen an eine Einwilligung, die vordergründig aus der Umsetzung der EG-Datenschutzrichtlinie[106] entsprungen sind, haben zudem in § 4a BDSG eine eigenständige Regelung erfahren.[107] Diese Regelungen sollen dem Schutz des informationellen Selbstbestimmungsrechts dienen, weil jeder Einzelne grundsätzlich frei bestimmen können soll, wem er seine Daten zugänglich macht und wem nicht.[108] Um dies zu gewährleisten, hat der Gesetzgeber in § 4a I 1 BDSG festgeschrieben, dass eine Einwilligung nur wirksam ist, sofern sie auf der freien Entscheidung des Betroffenen beruht.[109] Damit er diese auch frei treffen kann, sind ihm ferner gem. § 4a I 2 BDSG vorab gewisse Informationen mitzuteilen.[110]

Es ist jedoch fraglich, ob diese Freiwilligkeit im Arbeitsrecht, insbesondere vor der Begründung sowie während eines Arbeitsverhältnisses aufgrund der regelmäßig ungleichen Machtverteilung zwischen Arbeitnehmer und Arbeitgeber, überhaupt gegeben ist.[111] Besonders deutlich wird dies schon in der Anbahnungsphase eines Arbeitsver-

---

[102] Vgl. hierzu etwa Kort, MMR 2011, S. 299.
[103] Vgl. Gola/Schomerus- Gola/Schomerus (2010): § 4a BDSG, Rn. 2.
[104] Vgl. ErfK/Wank (2011): § 4a BDSG, Rn. 1.
[105] Vgl. hierzu Kapitel 3.2.1.
[106] Richtlinie 95/46/EG vom 24.10.1995, ABl. EG 1995 Nr. L281, S. 31.
[107] Vgl. Gola/Schomerus- Gola/Schomerus (2010): § 4a BDSG, Rn. 1; Däubler (2010): Rn. 135 ff.; Tinnefeld/Beisenherz, DuD 2011, S. 110 f.
[108] Vgl. BVerfG Urt. v. 02.03.2006 (2 BvR 2099/04) in: NJW 2006, S. 978.
[109] Vgl. Gola/Schomerus- Gola/Schomerus (2010): § 4a BDSG, Rn. 6 ff.; Raif/Rasmussen-Bonne, GWR 2011, S. 80; Däubler (2010): Rn. 150 ff.; Tinnefeld/Beisenherz, DuD 2011, S. 110.
[110] So bspw. der Zweck der Erhebung und Verwendung der Daten sowie ein Hinweis auf die Folgen einer Verweigerung der Einwilligung, vgl. Tinnefeld/Beisenherz, DuD 2011, S. 111; Gola/Schomerus- Gola/Schomerus (2010): § 4a BDSG, Rn. 11 ff.; Jordan/Bissels/Löw, BB 2010, S. 2892 f.
[111] Vgl. Weichert et al./Weichert (2007): § 4a BDSG, Rn. 21; Däubler (2010): Rn. 152; Tinnefeld/Petri/Brink, MMR 2010, S. 729; Beckschulze/Natzel, BB 2010, S. 2374; Jordan/Bissels/Löw, BB 2010, S. 2892 f.; Haase/Heermann/Rottwinkel, DuD 2011, S. 86; Raif/Rasmussen-Bonne, GWR 2011, S. 80.

hältnisses. Man stelle sich einmal vor, ein Bewerber würde die Einwilligung in die eigentlich nicht gestattete Erhebung von bestimmten personenbezogenen Daten oder etwa
eine Einstellungsuntersuchung verweigern. Die Chancen dieses Arbeitnehmers auf eine
Anstellung würden zweifelsfrei gegen null tendieren. Der Arbeitgeber verfügt in diesem
Fall also über eine so starke wirtschaftliche Machtposition, dass er den Bewerber quasi
zu einer Einwilligung zwingt.[112] Ähnlich ist die Situation während eines Arbeitsverhältnisses. Auch in diesem Fall werden sich die Arbeitnehmer zweimal überlegen, ob sie im
Zweifelsfall ihre Zustimmung verweigern. Zwar werden sie hierdurch nicht sofort ihren
Arbeitsplatz verlieren, allerdings werden sie dennoch Misstrauen beim Arbeitgeber we-
cken, getreu dem Motto: Wer nichts herzeigen möchte, der hat gewiss etwas zu verber-
gen. Nach diesen Ausführungen erscheint es überaus problematisch, die Erhebung und
Verwendung von personenbezogenen Daten im Arbeitsverhältnis auf eine Einwilligung
zu stützen.[113] Die Anforderungen an die rechtssichere Ausgestaltung einer Einwilligung
liegen deutlich höher als in anderen Rechtsbereichen, weshalb die Unternehmen hier
besondere Sorgfalt walten lassen müssen.

Durch den neuen Gesetzesentwurf werden diese hohen rechtlichen Anforderungen sogar
noch weiter verschärft, denn dieser sieht in § 32l I BDSG-E eine Beschränkung der
Einwilligungsmöglichkeit vor. Danach ist eine Einwilligung des Beschäftigten im Rahmen der §§ 32 ff. BDSG-E im Gegensatz zu § 4 I BDSG nur noch möglich, wenn dies
im Gesetz ausdrücklich vorgesehen ist.[114]

Das ist unter anderem der Fall in:

- § 32 VI BDSG-E – Erhebung von Daten bei sonstigen Dritten,
- § 32a I 2 BDSG-E – Ärztliche Untersuchungen,
- § 32a II 2 BDSG-E – Eignungstests,
- § 32h I 2 BDSG-E – Lichtbilder eines Beschäftigten sowie
- § 32i II BDSG-E – Nutzung von Telefondiensten.

---

[112] So auch Körner (2010): Online im Internet, S. 5; Weichert et al./Weichert (2007): § 4a BDSG, Rn. 21; Haa-
se/Heermann/Klügel, DuD 2010, S. 821.
[113] Für nähere Ausführungen zur Freiwilligkeit vgl. Däubler (2010): Rn. 150 ff.; ErfK/Wank (2011): § 4a BDSG, Rn.
1.
[114] Vgl. Beckschulze/Natzel, BB 2010, S. 2374; Schmidt/Jakob, DuD 2011, S. 89; Novara/Ohrmann, AuA 2011, S.
147; Haase/Heermann/Rottwinkel, DuD 2011, S. 86; Raif/Rasmussen-Bonne, GWR 2011, S. 80.

4.1.2 Verfassungsrechtliche Bedenken

Die geplante Regelung wirft allerdings verfassungsrechtliche Bedenken auf.[115] Durch die generelle Abschaffung der Einwilligung in § 321 I BDSG-E werden die Beschäftigten datenschutzrechtlich nahezu entmündigt, da sie über ihr informationelles Selbstbestimmungsrecht nicht mehr eigenständig entscheiden können.[116] Das Recht auf informationelle Selbstbestimmung ist eine Ausprägung des allgemeinen Persönlichkeitsrechts und über dieses kann der Betroffene grundsätzlich selbst verfügen.[117] Folglich gelten auch hier die Grundsätze der Grundrechtsausübung, insbesondere des Grundrechtsverzichts, so dass eine Einwilligung in Eingriffe und Beeinträchtigungen der individuellen Verfügbarkeit einer Grundrechtsposition prinzipiell gestattet sein muss.[118] So gibt es durchaus Fälle, in denen die Beschneidung der Einwilligungsmöglichkeit nicht der Interessenlage von Beschäftigten gerecht wird, da sie nicht nur zu ihren Gunsten, sondern eher zu ihrem Nachteil wirken.[119] Beispielhaft seien hier die Veröffentlichung von wissenschaftlichen Arbeiten durch Forscher auf der Homepage ihrer Institution zwecks eines Kontaktausbaus im Wissenschaftsbetrieb sowie eine vorübergehende Videoüberwachung zur Aufklärung anhaltender Diebstähle aufgeführt.[120] Aus welchem Grund sollen also Einwilligungen als Rechtfertigungsinstrumente in solchen Fällen ausgeschlossen sein, wenn sie für den Beschäftigten überwiegend positiv sind?

4.1.3 Europarechtliche Bedenken

Bedenken bestehen zudem hinsichtlich der Vereinbarkeit mit europarechtlichen Vorgaben. Zwar lässt der Gesetzgeber in seiner Entwurfsbegründung verlauten, dass der § 321 I BDSG-E mit den Regelungen der EG-Datenschutzrichtline[121] im Einklang steht,[122] dennoch wird dies im Schrifttum kontrovers diskutiert:

Vereinzelt findet die Ansicht des Gesetzgebers auch in der Literatur Anklang. Danach könne eine Datenverarbeitung nach Art. 7 lit. a) der EG-Datenschutzrichtline durch eine

---

[115] So auch Wybitul, MMR-Aktuell 2011, 315091.
[116] Vgl. Beckschulze/Natzel, BB 2010, S. 2374; Novara/Ohrmann, AuA 2011, S. 147; Thüsing, RDV 2010, S. 148.
[117] Vgl. BVerfG Urt. v. 15.12.1983 (1 BvR 209/83) in: NJW 1984, S. 419.
[118] Vgl. ErfK/Dieterich (2011): Einleitung GG, Rn. 62; Maunz/Dürig- di Fabio (2011): Art. 2 GG, Rn. 228 f.; Thüsing, NZA 2011, S. 18.
[119] Vgl. Novara/Ohrmann, AuA 2011, S. 147; Seifert, DuD 2011, S. 106.
[120] Vgl. Tinnefeld/Petri/Brink, MMR 2010, S. 729; Seifert, DuD 2011, S. 106; weitere Beispiele bei Beckschulze/Natzel, BB 2010, S. 2374; Thüsing, NZA 2011, S. 19.
[121] Richtlinie 95/46/EG vom 24.10.1995, ABl. EG 1995 Nr. L281, S. 31.
[122] Vgl. Entwurf eines Gesetzes zur Regelung des Beschäftigtendatenschutzes vom 15.12.2010, BT-Drs. 17/4230, S. 12.

Einwilligung erlaubt werden. Sie sei jedoch nicht zwingend einzuräumen, sofern sie entgegen der Definition des Art. 2 lit. h) der EG-Datenschutzrichtline[123] nicht ohne Zwang erfolge. Da im Arbeitsverhältnis regelmäßig von einem gewissen Zwang auszugehen sei, könne eine Einschränkung der Einwilligungsmöglichkeit daher in einer generell-abstrakten Regelung vorgesehen werden.[124] Dies hat der Gesetzgeber mit § 32l BDSG-E auch getan.

Diese Meinung teilt der Großteil des Schrifttums jedoch nicht. Sie sehen diese Beschränkung als klar unionsrechtswidrig an.[125] Sie sei mit Art. 7 lit. a) der EG-Datenschutzrichtlinie gerade nicht vereinbar, da dieser die Einwilligungsmöglichkeit ausnahmslos anerkenne. Daran könne auch die Definition in Art. 2 lit. h) der EG-Datenschutzrichtlinie nichts ändern, denn selbst wenn eine Einwilligung im Arbeitsverhältnis nicht in jedem Fall ohne Zwang erteilt sein möge, so bleibe sie stets eine Frage des konkreten Einzelfalls, die einer generell-abstrakten Regelung nicht zugänglich sei.[126] Insbesondere bei Einzelmaßnahmen bilde die Einwilligung ein wichtiges Rechtfertigungsinstrument.[127]

In Anbetracht des Zwecks der EG-Datenschutzrichtlinie kann diese Sicht nur Zustimmung finden, denn wie aus den Erwägungsgründen 8 und 9 der Richtlinie deutlich wird, soll sie innerhalb des europäischen Marktes für die Unternehmen ein „level playing field" im Bereich des Datentransfers schaffen.[128] Die Beschränkung der Einwilligungsmöglichkeit des § 4a BDSG würde diesem Ziel zuwiderlaufen, wozu auch auf europarechtlicher Ebene eine Rechtfertigung erforderlich wäre.[129] Diesbezüglich ist in diesem Fall jedoch nichts ersichtlich. Eine Abweichung wäre zudem nur möglich, wenn die EG-Datenschutzrichtlinie nur eine Mindest- nicht jedoch eine Vollharmonisierung bewirken soll. Bei einer Mindestharmonisierung sind die Mitgliedsstaaten verpflichtet, ein Schutzniveau zu errichten, das zumindest dem aus der Richtlinie entspricht, während die Vollharmonisierung eine Abweichung von den materiellen Vorgaben einer Richtli-

---

[123] Dieser definiert eine Einwilligung als „jede Willensbekundung, die ohne Zwang, für den konkreten Fall und in Kenntnis der Sachlage erfolgt".
[124] Vgl. Körner (2010): Online im Internet, S. 5; Tinnefeld/Petri/Brink, MMR 2010, S. 729.
[125] Vgl. Forst, RDV 2010, S. 150; Thüsing, RDV 2010, S. 148; Schmidt/Jakob, DuD 2011, S. 89.
[126] Vgl. Lelley/Müller, RDV 2011, S. 65; Raif/Rasmussen-Bonne, GWR 2011, S. 80; Haase/Heermann/Rottwinkel, DuD 2011, S. 86; Forst, NZA 2010b, S. 1044.
[127] Vgl. Haase/Heermann/Rottwinkel, DuD 2011, S. 86; Forst, NZA 2010b, S. 1044.
[128] So auch Forst, RDV 2010, S. 150; ders. NZA 2010b, S. 1043; Thüsing, NZA 2011, S. 18.
[129] Vgl. Thüsing, NZA 2011, S. 18.

nie verbietet.[130] Der EuGH hat hierzu bereits mehrfach und auch überzeugend entschieden, dass es sich bei der Datenschutzrichtlinie um eine Vollharmonisierung handelt.[131] Demnach kann der deutsche Gesetzgeber nicht einfach von den Vorgaben der Richtlinie abweichen und deren Rechtfertigungsgründe einschränken.[132]

4.1.4 Bewertung

Die *Einschränkung auf gewisse Einzelfälle* verfolgt einen begrüßenswerten Ansatz, da sie versucht die Zulässigkeit von Einwilligungen im Bereich des Arbeitnehmerdatenschutzes eindeutig zu regeln. Die Ausgestaltung dieses Ansatzes vermag jedoch sowohl vor dem Hintergrund verfassungsrechtlicher als auch europarechtlicher Überlegungen nicht zu überzeugen. Ganz im Gegenteil ist bei einer richtlinienwidrigen Reform des BDSG schlimmstenfalls gar mit einem Vertragsverletzungsverfahren gem. Art. 258 ff. AEU (Ex Art. 226 ff. EG) zu rechnen.[133] Außerdem handelt es sich in den ausgewählten Einzelfällen typischerweise um Situationen, in denen es an der erforderlichen Freiwilligkeit mangelt.[134] Sei es in den Fällen vor Abschluss eines Arbeitsverhältnisses oder währenddessen: Stets wird der Betroffene seine Einwilligung lieber erteilen, bevor er negative Konsequenzen durch eine Verweigerung in Kauf nimmt. Die geforderte Freiwilligkeit kann hierbei also stets angezweifelt werden.

Auch ist die *Freiwilligkeit* bereits seit längerer Zeit als Problem der Einwilligungen im Arbeitsrecht bekannt. Folglich hätte der Gesetzgeber doch diese Novellierung zum Anlass nehmen können, genau festzuschreiben, wie eine rechtswirksame Einwilligung auszusehen hat. So schlägt *Forst* etwa vor, die formalen Anforderungen (z.B. unaufgeforderte Mitteilung der Folgen einer verweigerten Einwilligung) zu erhöhen und eine freiwillige Entscheidung der Betroffenen durch gewisse Verfahren (z.B. Unterstützung durch Mitglieder der Mitarbeitervertretung) zu gewährleisten.[135] Eine andere Möglichkeit wäre eine gesetzliche Konkretisierung von gewissen Mindestanforderungen an die Freiwilligkeit einer Einwilligung im Beschäftigtendatenschutz. Hiermit wäre der

---

[130] Vgl. Callies/Ruffert- Kahl (2007): Art. 94 EG, Rn. 5.
[131] Vgl. EuGH Urt. v. 20.05.2003 (C-465/00, C-138/01 und C-139/01) in: EuR 2004, S. 282; EuGH Urt. v. 16.12.2008 (C-524/06) in: EuZW 2009, S. 183; ausführlich auch Forst, RDV 2010, S. 151 f.
[132] So im Ergebnis auch Brühann, EuZW 2009, S. 639.
[133] Vgl. hierzu Forst, RDV 2010, S. 153.
[134] Vgl. Thüsing, NZA 2011, S. 18; Tinnefeld/Petri/Brink, MMR 2010, S. 729.
[135] Für detailliertere Ausführungen vgl. Forst, RDV 2010, S. 154; Thüsing, RDV 2010, S. 148 f.

Rechtssicherheit viel mehr geholfen als eine Reduzierung auf festgeschriebene Fälle, in denen die Freiwilligkeit von vornherein kaum gegeben sein wird.

Trotz der aufgeführten Bedenken hat der Gesetzgeber diesen Ansatz gewählt. Warum versuchen *Novara* und *Ohrmann* zu erläutern. Sie sehen einen möglichen Hintergrund für die Regelung des § 32l I BDSG-E in der Befürchtung der Bundesregierung, dass einige Unternehmen die neuen Vorschriften zum Beschäftigtendatenschutz durch umfassende Einwilligungserklärungen zu umgehen versuchen.[136] Doch sollte die Freiwilligkeit künftig durch die eben genannten Maßnahmen gewährleistet sein, so kann eine Datenerhebung oder -verwendung auf der Grundlage einer Einwilligung stets nur auf Wunsch der Beschäftigten erfolgen. Aus diesem Grund ist dem Gesetzgeber anzuraten, die Beschränkung auf diese Einzelfälle noch einmal zu überdenken.

Ferner ist zu bemängeln, dass der Gesetzgeber im Entwurf nicht geregelt hat, welche *Rechtsfolgen* den Arbeitgeber erwarten, sollte er in den nun verbliebenen Fällen Daten ohne die Einwilligung des Betroffenen erheben.[137] Lehnt ein Arbeitgeber also bspw. einen Bewerber aufgrund solcher Daten ab, würde dies für ihn ohne Folgen bleiben. Daher wäre die Aufnahme einer diesbezüglichen Regelung in die §§ 32 ff. BDSG-E wünschenswert.

Abschließend betrachtet ist es schon erstaunlich, dass die Bundesregierung die Einwilligung in ihrem Koalitionsvertrag noch als „wesentliche Säule des informationellen Selbstbestimmungsrechts"[138] betrachtete und nunmehr deren Einsatz als Rechtfertigungsinstrument dermaßen beschränkt. Diese Beschränkung wird den Interessen beider Arbeitsvertragsparteien nicht gerecht und sollte daher nochmals überdacht werden. Lässt sich der Gesetzgeber dennoch nicht von seiner Haltung abbringen, so wäre zumindest für diejenigen Fälle, in denen eine Erhebung oder Verarbeitung personenbezogener Daten für die Beschäftigten nur vorteilhaft wäre,[139] eine Art Generalklausel denkbar. Weiterhin könnten Einwilligungen in solchen Situationen erlaubt sein, in denen Beschäftigte z.B. von sich aus initiativ werden.[140]

---

[136] Vgl. Novara/Ohrmann, AuA 2011, S. 147.
[137] Vgl. Heinson/Sörup/Wybitul, CR 2010, S. 753; Haase/Heermann/Rottwinkel, DuD 2011, S. 86.
[138] Koalitionsvertrag zwischen CDU, CSU und FDP der 17. Legislaturperiode vom 26.10.2009, S. 105.
[139] Vgl. hierzu Kapitel 4.1.2.
[140] So vorgeschlagen von Hornung (2011): Online im Internet, S. 5.

4.1.5 Handlungsempfehlungen und Umsetzungsvorschläge

➤ In Anbetracht der vorherstehenden Ausführungen sind im Beschäftigtendatenschutz hinsichtlich der Verwendung von Einwilligungen einige Veränderungen für die Unternehmen zu erwarten. So sollten die Unternehmen zunächst überprüfen, in welchen Bereichen Einwilligungen zur Erhebung, Verarbeitung oder Nutzung von Beschäftigtendaten derzeit zum Einsatz kommen. Diese Überprüfung ist sodann mit den verbliebenen zulässigen Tatbeständen[141] abzugleichen. In diesen Bereichen kann die Einwilligung weiterhin als Rechtfertigungsgrundlage verwendet werden. Demgegenüber ist der Gebrauch in den nunmehr unzulässigen Bereichen zukünftig einzustellen, um eine rechtswidrige Verwendung von Einwilligungserklärungen zu vermeiden. Es sollte jedoch die Rechtsentwicklung stets verfolgt werden, da aufgrund des noch laufenden Gesetzgebungsverfahrens und der geäußerten Bedenken diesbezüglich noch mit Veränderungen zu rechnen ist.

➤ Um zudem ein Zeichen für die Unterstützung eines besseren Beschäftigtendatenschutzes zu setzen, hätten Unternehmen die Möglichkeit die von *Forst* vorgeschlagenen Verfahren zur Verbesserung der Freiwilligkeit einer Einwilligungserklärung ohne gesetzliche Verpflichtung zu implementieren.

4.2 Betriebsvereinbarungen im Beschäftigtendatenschutz

Das jahrelange Fehlen expliziter Regelungen zum Datenschutz im Arbeitsverhältnis hat dazu geführt, dass in der Praxis oftmals eigene Schutzregelungen in Form von Betriebsvereinbarungen abgeschlossen worden sind.[142] Die hohe Bereitschaft der Arbeitgeber zum Abschluss solcher Vereinbarungen lässt sich insbesondere mit dem deutlichen Plus an Rechtssicherheit im Bereich des Arbeitnehmerdatenschutzes begründen.[143]

4.2.1 Rechtliche Ausgestaltung

Nach dem Prinzip des Verbots mit Erlaubnisvorbehalt ist gem. § 4 I BDSG die Erhebung, Verarbeitung und Nutzung von personenbezogenen Daten verboten, sofern sie nicht durch eine andere Rechtsvorschrift gestattet ist.[144] Nach praktisch einhelliger Meinung der Literatur und ständigen Rechtsprechung stellt eine Betriebsvereinbarung eine

---

[141] Vgl. hierzu die Auflistung in Kapitel 4.1.1.
[142] Vgl. Beckschulze/Natzel, BB 2010, S. 2369; Rose, DuD 2011, S. 136.
[143] Vgl. Rose, DuD 2011, S. 136; Franzen, RdA 2010, S. 257.
[144] Vgl. hierzu Kapitel 3.2.1.

solche Rechtsvorschrift i.S.d. § 4 I BDSG dar.[145] Das BAG vertritt dabei sogar die Auffassung, dass Betriebsvereinbarungen nach *derzeitiger Rechtslage* nicht nur von den Regelungen des BDSG abweichen, sondern den Datenschutzstandard des BDSG auch unterschreiten dürfen.[146] Diese Rechtsprechung fand im arbeitsrechtlichen Schrifttum[147] durchaus Zuspruch, wurde in der datenschutzrechtlichen Literatur[148] allerdings ebenso kritisch wahrgenommen.[149]

Bedenken sind in Bezug auf diese Unterschreitungsmöglichkeit durchaus verständlich, jedoch gilt es hierbei zu berücksichtigen, dass beim Aushandeln von Betriebsvereinbarungen stets die Arbeitnehmervertretungen beteiligt sind. Dadurch werden die Arbeitnehmer grundsätzlich vor grenzenlosen Eingriffen in ihr Recht auf informationelle Selbstbestimmung geschützt, weil die Betriebsparteien gem. § 75 II BetrVG die freie Entfaltung der Persönlichkeit der im Betrieb beschäftigten Arbeitnehmer zu schützen und zu fördern haben.[150] Sie sind deshalb angehalten, den Kernbereich der privaten Lebensgestaltung sowie das Verhältnismäßigkeitsprinzip fortwährend zu beachten.[151] Im Ergebnis wird also regelmäßig ein angemessener Umgang mit Beschäftigtendaten gewährleistet sein, wobei die Betriebsvereinbarungen jedoch einen „um einige Pegelstriche großzügigeren Maßstab"[152] als die Wertungen des BDSG anlegen dürfen.

Beim erstmaligen Lesen des *neuen Gesetzesentwurfs* erscheint es so, als wenn sich an der bisherigen Rechtslage nichts verändert hat, denn gleich zu Beginn stellt der Gesetzgeber im neuen § 4 I 2 BDSG-E nunmehr auch gesetzlich klar, dass Betriebsvereinbarungen als jene Rechtsvorschriften zu klassifizieren sind, die eine Datenerhebung, -nutzung und -verarbeitung rechtfertigen können.[153] In der Gesetzesbegründung zu § 4 I 2 BDSG-E führt der Gesetzgeber ferner aus, dass mit dieser Klarstellung weder eine Einschränkung noch eine Erweiterung der Möglichkeiten gegenüber der jetzigen, durch

---

[145] Vgl. Thüsing, NZA 2011, S. 17 f.; Seifert, DuD 2011, S. 106; Rose, DuD 2011, S. 136; Brandt, DuD 2010, S. 214; Franzen, RdA 2010, S. 257; Taeger/Gabel- Taeger (2010): § 4 BDSG, Rn. 34 ff.; Beckschulze/Natzel, BB 2010, S. 2368; BAG Beschl. v. 27.05.1986 (1 ABR 48/84) in: NZA 1986, S. 643; BAG Beschl. v. 30.08.1995 (1 ABR 4/95) in: NZA 1996, S. 218; BAG Beschl. v. 20.12.1995 (7 ABR 8/95) in: NZA 1996, S. 945.

[146] Vgl. BAG Beschl. v. 27.05.1986 (1 ABR 48/84) in: NZA 1986, S. 643; BAG Beschl. v. 30.08.1995 (1 ABR 4/95) in: NZA 1996, S. 218; BAG Beschl. v. 20.12.1995 (7 ABR 8/95) in: NZA 1996, S. 945.

[147] Vgl. ErfK/Kania (2011): § 83 BetrVG, Rn. 11; Thüsing (2010): Rn. 105; ErfK/Wank (2011): § 4 BDSG, Rn. 3.

[148] Vgl. Gola/Schomerus- Gola/Schomerus (2010): § 4 BDSG, Rn. 10 f.; Franzen, RdA 2010, S. 257.

[149] Zur Darstellung der unterschiedlichen Auffassungen vgl. Brandt, DuD 2010, S. 214.

[150] Vgl. Thüsing, NZA 2011, S. 18; Beckschulze/Natzel, BB 2010, S. 2369.

[151] Vgl. Seifert, DuD 2011, S. 107.

[152] Thüsing, RDV 2010, S. 148.

[153] Vgl. Beckschulze/Natzel, BB 2010, S. 2368 f.; Seifert, DuD 2011, S. 106.

die Rechtsprechung geprägten, Rechtslage erfolgt sei.[154] Daraus lässt sich schließen, dass die Option der Handhabe des betrieblichen Datenschutzes durch praxisgerechte Ausgestaltungen in Betriebsvereinbarungen weiter fortbestehen soll. Zudem besagt § 32l III BDSG-E, dass die Rechte der Interessenvertretungen in Folge der Reform unberührt bleiben.[155] Dem Vernehmen nach erfahren die Betriebsräte somit keine Beschränkung ihrer Beteiligungsrechte.

Diese Ausführungen konterkariert nun allerdings § 32l V BDSG-E, wonach von den Vorschriften der §§ 32 ff. BDSG-E nicht zu Ungunsten der Beschäftigten abgewichen werden darf.[156] Entgegen der Gesetzesbegründung des neuen § 4 I 2 BDSG-E werden hierdurch also doch die bisherige Sichtweise der Rechtsprechung und demzufolge auch die Rechte der Interessenvertretung eingeschränkt.

4.2.2 Bewertung

Auf der einen Seite ist diese Regelung durchaus zu begrüßen, denn die Abweichungsmöglichkeit unter die gesetzlichen Standards kann zu einer *Ungleichbehandlung zwischen Beschäftigten* von Betrieben mit und ohne Betriebsrat führen. In betriebsratslosen Betrieben wären die Beschäftigten somit unter Umständen einem besseren Beschäftigtendatenschutz ausgesetzt als in Betrieben, die über einen Betriebsrat verfügen. Des Weiteren besteht die Gefahr, dass Arbeitgeber mit einer deutlich größeren Machtposition als ihr Betriebsrat ihre Vorstellungen zum Datenschutz einseitig durchsetzen können. Daher stimmt auch *DGB-Chef Sommer* der geplanten Neuregelung zu, denn die Untergrenze des erforderlichen Schutzes der Beschäftigten müsse durch den Gesetzgeber und nicht durch die Betriebsparteien festgelegt werden.[157] Diesen Befürchtungen kann jedoch entgegengesetzt werden, dass nach § 75 II BetrVG sowohl die Betriebsräte als auch die Arbeitgeber dazu verpflichtet sind, stets für einen ausreichenden Schutz der Beschäftigten zu sorgen.[158]

Auf der anderen Seite hat das Verbot der Unterschreitung die negative Folge, dass im Einzelfall *betriebsnähere und sachgerechtere Ausgestaltungen* des Beschäftigtendaten-

---

[154] Vgl. Entwurf eines Gesetzes zur Regelung des Beschäftigtendatenschutzes vom 15.12.2010, BT-Drs. 17/4230, S. 14.
[155] Vgl. Körner (2010): Online im Internet, S. 13 f.; Seifert, DuD 2011, S. 106.
[156] Vgl. Entwurf eines Gesetzes zur Regelung des Beschäftigtendatenschutzes vom 15.12.2010, BT-Drs. 17/4230, S. 22; Rose, DuD 2011, S. 136; Tinnefeld/Petri/Brink, MMR 2010, S. 729; Franzen, RdA 2010, S. 257; Beckschulze/Natzel, BB 2010, S. 2369.
[157] Vgl. Dpa-AFX (2011): Online im Internet.
[158] Vgl. Forst, NZA 2010b, S. 1044.

schutzes erheblich erschwert werden.[159] Wie *Seifert* zutreffend ausführt, stellt sich also die Frage, wieso Betriebsvereinbarungen durch die Neuschaffung des § 4 I 2 BDSG-E in den Olymp der legalisierenden Rechtsvorschriften aufgenommen werden, wenn sie nur dann als Rechtsgrundlage taugen, soweit sie den durch andere, vorgeblich gleichrangige Rechtsgrundlagen errichteten Limes nicht übertreten dürfen.[160] Als weitere Konsequenz ist ferner zu befürchten, dass durch diese Einschränkung auch die Verhandlungsbereitschaft der Arbeitgeber negativ beeinflusst wird. Diesen wird nunmehr jegliche Abweichung zum Nachteil der Belegschaft gesetzlich untersagt, wodurch ihnen de lege ferenda bei der Aushandlung einer Datenschutz-Betriebsvereinbarung die Hände gebunden werden.[161] Nicht zuletzt entspricht es durchaus der arbeitsrechtlichen Übung, Gesetze zur Abdingbarkeit durch Betriebsvereinbarungen zu öffnen.[162]

Sollte der Gesetzgeber diese Regelung dennoch beibehalten wollen, so ist ihm anzuraten im weiteren Gesetzgebungsverfahren klarzustellen, dass er die *Betriebsparteien hierdurch keineswegs entmündigen* will, sondern hervorzuheben, dass sie bspw. für die betriebsspezifische Konkretisierung der unbestimmten Rechtsbegriffe im Arbeitnehmerdatenschutz, wie etwa die „Erforderlichkeit", die „Verhältnismäßigkeit" oder „betriebliche Gründe", mit Hilfe von Betriebsvereinbarungen eine gewichtige Rolle spielen.[163] Auf jeden Fall ist dafür Sorge zu tragen, dass mit der Regelung betriebsautonome Lösungen nicht verhindert werden, denn dem Ziel des praxisnahen Arbeitnehmerdatenschutzes genügen Betriebsvereinbarungen in den meisten Fällen besser und nachhaltiger als gesetzliche Regelungen.[164]

Zu beachten bleibt allerdings, dass Betriebsräte auch nach einer Verabschiedung des Gesetzesentwurfs in gewissen Bereichen des Beschäftigtendatenschutzes über ein *Mitbestimmungsrecht* verfügen. So ist nach § 87 I Nr.6 BetrVG z.B. bei der Installation von Videokameras oder der Einführung von Telekommunikationssystemen auch weiterhin eine Zustimmung des Betriebsrats erforderlich.[165] Demnach werden auch künftig dies-

---

[159] So auch Tinnefeld/Petri/Brink, MMR 2010, S. 729; Franzen, RdA 2010, S. 257.
[160] Vgl. Seifert, DuD 2011, S. 107.
[161] Vgl. Seifert, DuD 2011, S. 107.
[162] Vgl. Thüsing, NZA 2011, S. 18.
[163] Vgl. Entwurf eines Gesetzes zur Regelung des Beschäftigtendatenschutzes vom 15.12.2010, BT-Drs. 17/4230, S. 22, wonach dies wohl auch vom Gesetzgeber so gewollt ist.
[164] So auch BDI/BDA (2011): Online im Internet, S. 2.
[165] Vgl. Raif, ArbRAktuell 2010a, S. 359; Polenz/Thomsen, DuD 2010, S. 616.

bezügliche Betriebsvereinbarungen ausgehandelt und abgeschlossen, nur mutmaßlich keine unterhalb des Datenschutzniveaus der gesetzlichen Regelungen.

4.2.3 Handlungsempfehlungen und Umsetzungsvorschläge

> Diese Rechtsentwicklung kann zum Teil erhebliche Auswirkungen haben, denn entsprechend der bisherigen Rechtslage gibt es mittlerweile unzählige Betriebsvereinbarungen, die im Bereich des Arbeitnehmerdatenschutzes in vertretbarem Maße den Schutzstandard des BDSG unterschreiten.[166] Die Praxis wird sich somit darauf einstellen müssen, sämtliche Betriebsvereinbarungen dahingehend zu überprüfen, ob sie von den gesetzlichen Neuregelungen auf irgendeine Art und Weise abweichen. Allerdings wird nicht nur diese Überprüfung für die Unternehmen einen großen Aufwand zur Folge haben, denn es hat sodann auch eine Anpassung der Vereinbarungen an die künftige Rechtslage durch die Betriebsparteien zu erfolgen. Dies muss zudem zeitnah geschehen, denn der Gesetzentwurf enthält weder irgendwelche Schonfristen noch Übergangsvorschriften.[167]

> Des Weiteren werden die Unternehmen gezwungen sein, ihren Datenschutzbeauftragten oder etwaige andere Beschäftigte in Hinsicht auf die Neuregelungen des Beschäftigtendatenschutzes zu schulen, um diese Überprüfungen überhaupt vornehmen zu können. Je nach Art und Umfang der vorhandenen Betriebsvereinbarungen ist sogar zu empfehlen auf externe Hilfe bspw. durch Fachanwälte zurückzugreifen.

4.3 Beschäftigtendatenschutz im Bewerbungsverfahren

Der Gesetzesentwurf zum Beschäftigtendatenschutz hält für die Unternehmen auch einige Neuerungen für das Bewerbungs- und Einstellungsverfahren parat.[168] Im Blickpunkt stehen dabei insbesondere die neuen §§ 32, 32a und 32b BDSG-E, die einerseits bestehende Grundsätze normieren, andererseits aber auch neue Datenschutzpflichten aufstellen. Wie sich die Rechtslage vor Begründung eines Beschäftigungsverhältnisses nun künftig gestaltet, wird in den kommenden Abschnitten näher ausgeführt.

---

[166] Vgl. Körner (2010): Online im Internet, S. 13 f.; Thüsing, RDV 2010, S. 148.
[167] Vgl. Seifert, DuD 2011, S. 107.
[168] Vgl. hierzu vor allen anderen Bayreuther, NZA 2010, S. 679; Hunold, AuA Sonderausgabe 2010, S. 18.

4.3.1 Fragerecht des Arbeitgebers

Aus datenschutzrechtlicher Sicht stellt sich im Bewerbungsverfahren zunächst die Frage, welche Daten der Arbeitgeber vom Stellenbewerber überhaupt sammeln und erfragen darf. Daher ist es sehr zu begrüßen, dass die Legislative das bisher nur durch die Rechtsprechung geregelte Fragerecht des Arbeitgebers erstmals gesetzlich manifestiert hat.[169]

4.3.1.1 Rechtliche Ausgestaltung

Nach *bisheriger Rechtslage* gilt der Grundsatz der Rechtsprechung, dass der Arbeitgeber nur solche Dinge erfragen darf, an deren Kenntnis er ein berechtigtes, billigenswertes und schutzwürdiges Interesse im Hinblick auf die Begründung eines Arbeitsverhältnisses hat.[170] Damit sind Fragen unzulässig, die sich nicht direkt auf das Arbeitsverhältnis beziehen und die einen übermäßigen Eingriff in die Persönlichkeitssphäre des Bewerbers darstellen. Insbesondere zum letzteren Aspekt haben die Gerichte unzählige Entscheidungen getroffen, so dass ein umfangreicher Katalog an unzulässigen Fragen geschaffen wurde.[171]

Eine Ausgestaltung dieses Rechtsprechungsgrundsatzes findet sich nunmehr auch im *neuen Gesetzesentwurf*. Dieser stellt gleich zu Beginn in § 32 I 1 BDSG-E klar, dass der Arbeitgeber die rudimentären Kontaktdaten des Bewerbers jederzeit erheben darf.[172]

Vor der Begründung eines Arbeitsverhältnisses darf der Arbeitgeber daher

- den Namen,
- die Anschrift,
- die Telefonnummer sowie
- die E-Mail-Adresse

des Bewerbers erheben. Zu beachten ist dabei lediglich, dass diese Erhebung, wie sämtliche Datenerhebungen im Rahmen der Begründung eines Beschäftigungsverhältnisses, gem. § 32 VII BDSG-E verhältnismäßig sein muss.[173] Daneben können andere Daten

---

[169] Es sind hierbei sowohl die mündlichen als auch die schriftlichen Befragungen der Bewerber gemeint.
[170] Vgl. BAG Urt. v. 20.02.1986 (2 AZR 244/85) in: NZA 1986, S. 739; Däubler (2010): Rn. 209.
[171] Vgl. insbesondere die Auflistung bei Kilian/Heussen- Weichert/Kilian (2010): 1. Abschnitt, Teil 13, Individueller Arbeitnehmerdatenschutz, Rn. 5 ff.
[172] Vgl. Hunold, AuA Sonderausgabe 2010, S. 19; Tamm, PersV 2011, S. 49; Forst, NZA 2010b, S. 1044.
[173] Vgl. Wybitul (2011): S. 432, 446.

gem. § 32 I 2 BDSG-E nur noch erhoben werden, soweit ihre Kenntnis erforderlich ist, um die Eignung des Beschäftigten für die vorgesehenen Tätigkeiten festzustellen.[174] Um welche Daten es sich dabei handeln kann, führt § 32 I 3 BDSG-E beispielhaft aus:

- Daten über fachliche und persönliche Fähigkeiten,
- Daten über Kenntnisse und Erfahrungen sowie
- Daten über die Ausbildung und den bisherigen beruflichen Werdegang.

Somit sind auch zukünftig Fragen nach den maßgeblichen Qualifikationen, Zeugnissen oder Soft Skills, wie bspw. Sozialkompetenz, Teamfähigkeit und Zuverlässigkeit, gestattet.[175] Welche Daten ansonsten im Einzelfall erfragt werden können, richtet sich nach den objektiven beruflichen Kriterien sowie dem vom Arbeitgeber erstellten Anforderungsprofil.[176] Die Verwendung des Begriffes „Tätigkeiten" lässt außerdem zu, sich ebenfalls nach Fähigkeiten, Erfahrungen usw. zu erkundigen, die zwar nicht für die aktuelle, wohl aber für eine später in Betracht kommende Tätigkeit relevant sein können.[177]

Wesentlich strengere Anforderungen bestehen hinsichtlich der Daten, die nach dem AGG als „diskriminierungssensibel" (z.B. rassische und ethnische Herkunft, Religionszugehörigkeit, Behinderung oder Vermögensverhältnisse) gelten. Diese dürfen gem. § 32 II 1 BDSG-E durch den Dienstherren nur in solchen Fällen in Erfahrung gebracht werden, in denen nach den engen Voraussetzungen des § 8 I AGG eine unterschiedliche Behandlung erlaubt ist.[178] Hierzu ist nach objektiven Kriterien zu bestimmen, ob eine Erhebung solcher Daten wegen der Art der auszuübenden Tätigkeit oder der Bedingungen ihrer Ausübung eine wesentliche und entscheidende berufliche Anforderung darstellt und ihrem Zweck nach rechtmäßig und angemessen ist.[179] Entsprechend der Gesetzesbegründung können sich diese Anforderungen zudem aus dem unternehmerischen Konzept ergeben, sofern sie einen engen Tätigkeitsbezug aufweisen, der den Erfolg der Tätigkeit wesentlich bestimmt.[180]

---

[174] Vgl. Raif, ArbRAktuell 2010b, S. 617; Forst, NZA 2010b, S. 1044; Novara/Ohrmann, AuA 2011, S. 145; Raif/Rasmussen-Bonne, GWR 2011, S. 80; Haase/Heermann/Rottwinkel, DuD 2011, S. 84.
[175] Vgl. Haase/Heermann/Rottwinkel, DuD 2011, S. 84; Raif, ArbRAktuell 2010b, S. 617.
[176] Vgl. Beckschulze/Natzel, BB 2010, S. 2369; Hunold, AuA Sonderausgabe 2010, S. 19.
[177] Vgl. Haase/Heermann/Rottwinkel, DuD 2011, S. 84; Beckschulze/Natzel, BB 2010, S. 2369.
[178] Vgl. Tamm, PersV 2011, S. 50; Novara/Ohrmann, AuA 2011, S. 145; Forst, NZA 2010b, S. 1044 f.; Hunold, AuA Sonderausgabe 2010, S. 19; Beckschulze/Natzel, BB 2010, S. 2369.
[179] Vgl. ErfK/Schlachter (2011): § 8 AGG, Rn. 1 ff.
[180] Vgl. Entwurf eines Gesetzes zur Regelung des Beschäftigtendatenschutzes vom 15.12.2010, BT-Drs. 17/4230, S. 15.

Die Aufzählung der besonders „diskriminierungssensiblen" Tatbestände in § 32 II 1 BDSG-E ist jedoch nicht deckungsgleich mit derjenigen in § 1 AGG, denn bei der datenschutzrechtlichen Vorschrift fehlen die Merkmale „Geschlecht" und „Alter".[181] Dies könnte auf den ersten Blick so gedeutet werden, dass Fragen nach diesen beiden Eigenschaften unbeschränkt zulässig sein sollen. Das wäre allerdings mit europarechtlichen Vorgaben nicht vereinbar.[182] Folglich ist auch künftig davon auszugehen, dass der Arbeitgeber seine Bewerberauswahl nicht vom Alter oder Geschlecht abhängig machen darf, solange keine Ungleichbehandlung nach § 8 I AGG gerechtfertigt ist.

Hinsichtlich des Fragerechts in Bezug auf Vorstrafen bleiben die Vorschriften des BZRG laut § 32 II 2 BDSG-E unberührt. Daher braucht ein Verurteilter auch weiterhin frühere Verurteilungen nicht vorzutragen, sobald die in den §§ 51, 53 BZRG genannten Fristen verstrichen sind.[183] Darüber hinaus enthält der Gesetzesentwurf weitere Regelungen zu speziellen Fragen des Arbeitgebers, deren Auswirkungen im Folgenden thematisiert werden.

4.3.1.1.1 Fragen nach einer Schwerbehinderung

Der erste Regelungskomplex betrifft die Frage nach einer etwaigen Schwerbehinderung. Hierbei hat das BAG lange Zeit vertreten, dass eine diesbezügliche Frage im Einstellungsgespräch ohne Weiteres gestellt werden darf.[184] Diese Rechtsprechung ist allerdings, wie auch in der Gesetzesbegründung ausgeführt, seit Inkrafttreten der Richtlinie 2000/78/EG[185], des § 81 II SGB IX und des AGG durch deren Diskriminierungsverbote bereits seit längerer Zeit überholt.[186] Aus diesem Grund hat der Gesetzgeber in der Neuregelung des § 32 III BDSG-E klargestellt, dass der Bewerber künftig keine Auskunft über eine etwaige Schwerbehinderung oder entsprechende Gleichstellungen geben muss.[187]

---

[181] Vgl. Novara/Ohrmann, AuA 2011, S. 145.
[182] Vgl. zur Diskriminierung wegen des Alters EuGH Urt. v. 22.11.2005 (C-144/04) in: NJW 2005, S. 3695; zur Diskriminierung wegen des Geschlechts EuGH Urt. v. 30.04.1996 (C-13/94) in: NJW 1996, S. 2421; ErfK/Schlachter (2011): § 1 AGG, Rn. 5 f.; Novara/Ohrmann, AuA 2011, S. 146.
[183] Vgl. Forst, NZA 2010b, S. 1044 f.; Beckschulze/Natzel, BB 2010, S. 2369; Tamm, PersV 2011, S. 50; zur Rechtsprechung zum Fragerecht bezüglich Vorstrafen vgl. BAG Urt. v. 20.05.1999 (2 AZR 320/98) in: NZA 1999, S. 975.
[184] Vgl. BAG Urt. v. 18.12.2000 (2 AZR 380/99) in: NZA 2001, S. 315; Bayreuther, NZA 2010, S. 679.
[185] Richtlinie 2000/78/EG vom 27.11.2000, ABl. EG 2000 Nr. L303, S. 16.
[186] Vgl. Entwurf eines Gesetzes zur Regelung des Beschäftigtendatenschutzes vom 15.12.2010, BT-Drs. 17/4230, S. 15; Gola/Wronka (2010): Rn. 521; Bayreuther, NZA 2010, S. 679.
[187] Vgl. Raif/Rasmussen-Bonne, GWR 2011, S. 80; Haase/Heermann/Rottwinkel, DuD 2011, S. 87; Beckschulze/Natzel, BB 2010, S. 2369; Novara/Ohrmann, AuA 2011, S. 146.

Fraglich ist, ob dieses Erhebungsverbot ebenfalls auf Erkundigungen nach Erkrankungen in der Familie Anwendung findet. Wären diesbezügliche Fragen gestattet, so würde sich dem Arbeitgeber die Möglichkeit eröffnen, das Verbot des § 32 III BDSG-E zu umgehen, da nicht wenige Erkrankungen, die zu einer Schwerbehinderung führen, vererblich sind. Vor diesem Hintergrund erscheint es nur allzu logisch, dieses Verbot ebenfalls auf diese Frage auszuweiten.[188]

Auch unter dem Aspekt, dass der Arbeitgeber seiner Pflicht zur Beschäftigung schwerbehinderter oder gleichgestellter Menschen nach § 71 SGB IX nachkommen möchte, darf in der Anbahnungsphase eines Arbeitsvertrags keine diesbezügliche Frage gestellt werden. Denn selbst bei Vorliegen entsprechender Integrationsvereinbarungen ist in diesem Falle ein gewisses Umgehungsrisiko nicht auszuschließen.[189]

4.3.1.1.2 Fragen nach einer Schwangerschaft

Von Interesse ist zudem die Frage nach einer Schwangerschaft. Nach bisheriger Rechtslage stellt eine solche Frage in so gut wie jeder denkbaren Fallgestaltung einen Verstoß gegen das geschlechtsbezogene Diskriminierungsverbot des § 7 I AGG i.V.m. § 1 und § 3 I 2 AGG dar.[190] Im neuen Gesetzesentwurf verschweigt sich der Gesetzgeber jedoch hierüber. Eine mit der Frage nach der Schwerbehinderung vergleichbare Regelung hat er unterlassen, was in der Literatur auch vielfach kritisiert wird.[191] Allerdings hat dies nicht zur Folge, dass sich der Arbeitgeber künftig unbeschränkt nach einer Schwangerschaft erkundigen darf, denn diese ließe sich im Zweifelsfalle unter zwei Regelungen des neuen Entwurfs subsumieren. Zum einen besteht die Alternative, eine Schwangerschaft als Gesundheitsdatum zu klassifizieren, wonach eine diesbezügliche Frage gem. § 32 II 1 BDSG-E unzulässig wäre.[192] Zum anderen ist es möglich, über das Verbot des § 32 I 2 BDSG-E zu einer Unzulässigkeit dieser Frage zu gelangen, da eine Schwangerschaft im Regelfall keinerlei Auswirkungen auf die konkrete Eignung der Bewerberin

---

[188] So im Ergebnis auch Haase/Heermann/Rottwinkel, DuD 2011, S. 87; Bayreuther, NZA 2010, S. 682 f.
[189] Vgl. Bayreuther, NZA 2010, S. 680; Entwurf eines Gesetzes zur Regelung des Beschäftigtendatenschutzes vom 15.12.2010, BT-Drs. 17/4230, S. 15, in dessen Begründung auch der Gesetzgeber diese Gefahr erkannt und abgelehnt hat.
[190] Vgl. ErfK/Preis (2011): § 611 BGB, Rn. 274; Hunold, AuA Sonderausgabe 2010, S. 20.
[191] Vgl. hierzu insbesondere Forst, NZA 2010b, S. 1044; Deutscher Richterbund, FD-ArbR 2010, 304824.
[192] In diese Richtung argumentieren Haase/Heermann/Rottwinkel, DuD 2011, S. 84.

für die jeweilige Stelle hat.[193] Dieses Verbot steht auch im Einklang mit der ständigen Rechtsprechung des BAG.[194]

4.3.1.1.3 Sondervorschriften für Tendenzunternehmen

Um den Besonderheiten bei Tendenzarbeitgebern Rechnung zu tragen, dürfen diese abweichend von § 32 II 1 BDSG-E auch nach der

- religiösen Überzeugung,
- der Religionszugehörigkeit,
- der Weltanschauung,
- der politischen Meinung oder
- der Gewerkschaftszugehörigkeit

eines Beschäftigten fragen. Davon betroffen sind gem. § 32 IV BDSG-E Religionsgemeinschaften und diesen zugeordnete Einrichtungen sowie Vereinigungen, die sich die gemeinschaftliche Pflege einer Religion oder Weltanschauung zur Aufgabe gemacht haben.[195] In § 32 V BDSG-E wird dieses Recht außerdem den Parteien, Gewerkschaften und Arbeitgeberverbänden, den Pressebetrieben sowie den Rundfunk- und Fernsehanstalten zugesprochen.[196] Die Erweiterung des Fragerechts entfaltet jedoch nur dann seine Wirkung, wenn die oben aufgelisteten Aspekte in Hinblick auf das Selbstbestimmungsrecht des Arbeitgebers oder nach der Art der fraglichen Tätigkeit eine „gerechtfertigte berufliche Anforderung" darstellen.[197] Was genau hierunter zu verstehen ist, führt die Bundesregierung weder im Gesetz noch in der Entwurfsbegründung näher aus. Vor dem Hintergrund des verfassungsrechtlich garantierten Selbstbestimmungsrechts der Tendenzbetriebe[198] sowie der erlaubten Ungleichbehandlung des § 9 AGG dürften die Maßstäbe jedoch nicht allzu hoch anzulegen sein.[199] Wann genau die obigen Merkmale für eine Tätigkeit besondere Anforderungen darstellen, wird sich regelmäßig nur im konkreten Einzelfall beurteilen lassen. Es ist jedoch einleuchtend, dass hierfür nur

---

[193] Vgl. Raif/Rasmussen-Bonne, GWR 2011, S. 80; Raif, ArbRAktuell 2010b, S. 617; eine Ausnahme würde sicherlich gelten, wenn die angestrebte Tätigkeit gesundheitliche Gefahren für den Fötus mit sich bringt.
[194] Vgl. BAG Urt. v. 06.02.2003 (2 AZR 621/01) in: NZA 2003, S. 848.
[195] Vgl. Wybitul (2011): S. 439.
[196] Vgl. Beckschulze/Natzel, BB 2010, S. 2369; Novara/Ohrmann, AuA 2011, S. 146.
[197] Vgl. Wybitul (2011): S. 439; Forst, NZA 2010b, S. 1045; Beckschulze/Natzel, BB 2010, S. 2369.
[198] Art. 5 I, 9 III, 21 GG sowie Art. 140 GG i.V.m. Art. 136 ff. WRV.
[199] So auch Wybitul (2011): S. 439.

Stellen von gehobener Art und entsprechender Verantwortung in Frage kommen. Folglich wären diese Fragen z.B. bei einem Pförtner oder Hausmeister nicht gestattet.[200] Anders sieht die künftige Rechtslage für Medienunternehmen aus. Diese unterliegen gem. § 32 V 2 BDSG-E hinsichtlich der Erhebung von Daten über die religiöse Überzeugung, die Religionszugehörigkeit oder die Weltanschauung verschärften Voraussetzungen. So müssen diese Merkmale in solch einem Fall gar eine wesentliche und entscheidende berufliche Anforderung darstellen.[201] Somit nimmt der Gesetzgeber Bezug auf den Maßstab des § 8 I AGG. Die Ursache dieser Verschärfung liegt darin begründet, dass der Arbeitgeber in diesem Fall keine Religions- oder Weltanschauungsgemeinschaft ist, so dass die erleichterten Voraussetzungen des § 9 AGG gerade keine Anwendung finden.[202]

4.3.1.2 Bewertung

Wurde das Fragerecht des Arbeitgebers bisher überwiegend durch die Rechtsprechung ausgestaltet, so ist es nunmehr im Zuge der Reform des Beschäftigtendatenschutzes als eigener Regelungskomplex durch § 32 BDSG-E in Gesetzesform gegossen worden. Viele Neuerungen bringen diese Regelungen jedoch nicht mit sich, da sie zum Großteil mit der bisherigen Rechtsprechung korrespondieren.[203] Insgesamt erscheint dieser Abschnitt der Reform durchaus gelungen, dennoch gibt es an einigen Stellen einen gewissen Verbesserungsbedarf, der im Folgenden näher erläutert werden soll.

Zunächst stellt sich die Frage, wann genau die Kenntnis von Daten entsprechend der Vorschrift des § 32 I 2 BDSG-E als *„erforderlich"* zu klassifizieren ist. An dieser Stelle hilft ein Blick in die Gesetzesbegründung, wonach mit dieser Regelung lediglich die bisherige Rechtsprechung rezipiert werden soll und eine Erforderlichkeit folglich dann anzunehmen ist, wenn der Arbeitgeber ein berechtigtes, billigenswertes und schutzwürdiges Interesse an der Beantwortung der jeweiligen Frage hat.[204] Damit lässt der Gesetzgeber die Anwender dieses Gesetzes zwar nicht völlig im Regen stehen, jedoch wä-

---

[200] Vgl. Entwurf eines Gesetzes zur Regelung des Beschäftigtendatenschutzes vom 15.12.2010, BT-Drs. 17/4230, S. 16; Tamm, PersV 2011, S. 50.
[201] Vgl. Forst, NZA 2010b, S. 1045; Wybitul (2011): S. 441.
[202] Vgl. Entwurf eines Gesetzes zur Regelung des Beschäftigtendatenschutzes vom 15.12.2010, BT-Drs. 17/4230, S. 16.
[203] Vgl. Entwurf eines Gesetzes zur Regelung des Beschäftigtendatenschutzes vom 15.12.2010, BT-Drs. 17/4230, S. 15; Tamm, PersV 2011, S. 49 f.
[204] Vgl. Entwurf eines Gesetzes zur Regelung des Beschäftigtendatenschutzes vom 15.12.2010, BT-Drs. 17/4230, S. 15; Beckschulze/Natzel, BB 2010, S. 2369.

re es vorteilhafter gewesen, wenn die Ausfüllung dieses unbestimmten Begriffs direkt im Gesetz erfolgt wäre.[205]

Des Weiteren weist der Gesetzesentwurf in seiner jetzigen Form eine *handwerkliche Schwäche* auf. Während sich in § 32 II 1 BDSG-E noch ein Verweis auf die Voraussetzungen des § 8 I AGG findet, werden diese in § 32 V 2 BDSG-E explizit ausgeführt. Aus diesem Grund ist die Forderung des Bundesrates, auch in § 32 II 1 BDSG-E die Voraussetzungen aufzunehmen, durchaus berechtigt.[206] Weiterhin wäre die Verwendung von Regelbeispielen für diese Voraussetzungen von Vorteil gewesen, denn dies hätte eine Erleichterung der Rechtsanwendung in der betrieblichen Praxis zur Folge, da insbesondere nichtjuristische Arbeitgeber und Arbeitnehmer hierdurch einen verständlichen und einheitlichen Rahmen an die Hand bekämen.

Daneben haben einige *spezifische Fragen* im Rahmen der neuen Vorschriften zum Beschäftigtendatenschutz eine ausdrückliche Regelung im Gesetz erhalten. Andere Themen, wie bspw. Fragen nach der Behinderung, der Gesundheit sowie den Vorstrafen oder laufenden Ermittlungsverfahren, wurden allerdings nur in einer Art Generalklausel in § 32 II 1 BDSG-E aufgenommen. Zur Vermeidung von Rechtsunsicherheiten wäre es daher zu begrüßen, eine genaue Klarstellung des Umfangs und der Grenzen einer zulässigen Frage zumindest bei den eben genannten besonders praxisrelevanten Thematiken vorzunehmen. Dies hätte für die Unternehmen eine deutlich einfachere Handhabung in der Praxis zur Folge. Aus demselben Grund hätte auch die Aufnahme einer Regelung bezüglich des Fragerechts nach einer *Schwangerschaft* ein deutliches Mehr an Rechtssicherheit geschaffen.

Zu begrüßen ist dagegen die Klarstellung in § 32 III BDSG-E, dass ein Bewerber auf die Frage nach einer *Schwerbehinderung* nicht zu antworten braucht. Schließlich bestätigt der Gesetzgeber hiermit die gegenwärtige Rechtsprechung der Instanzgerichte[207] sowie die herrschende Lehre[208] im Schrifttum. Dennoch ist diese Regelung ein wenig missverständlich, denn nach dem Wortlaut dürfte sich ein Arbeitgeber auch dann nicht nach einer Schwerbehinderung erkundigen, wenn deren Nichtvorhandensein eine ent-

---

[205] Beispielsweise in einem nachfolgendem Satz: „Erforderlich im Sinne dieser Vorschriften sind Daten insbesondere dann, wenn…".

[206] Vgl. Entwurf eines Gesetzes zur Regelung des Beschäftigtendatenschutzes vom 15.12.2010, BT-Drs. 17/4230, S. 26 f.

[207] Vgl. LAG Hamm Urt. v. 19.10.2006 (15 Sa 740/06) in: BeckRS 2007, 40902; LAG Hessen Urt. v. 24.03.2010 (6/7 Sa 1373/09); Forst, NZA 2010b, S. 1045.

[208] Vgl. ErfK/Preis (2011): § 611 BGB, Rn. 274; Däubler (2010): Rn. 219; Messingschlager, NZA 2003, 301.

scheidende Voraussetzung für die potenzielle Tätigkeit darstellt. Dies wäre absolut unpraktisch, weil damit die Gefahr besteht, dass ein Bewerber eingestellt wird, der die angestrebte Tätigkeit überhaupt nicht ausführen kann. Folglich sollte klargestellt werden, dass ein etwaiges Frageverbot nur auf eine bloße administrative Feststellung einer Schwerbehinderung abzielt.[209] Dass die Bundesregierung auch in diese Richtung tendiert, ergibt sich indirekt aus der Entwurfsbegründung. Dort heißt es, dass eine Einstellung des Bewerbers aus Gründen der Gleichbehandlung nicht wegen einer Schwerbehinderung verweigert werden dürfe, wenn die zu Grunde liegende Behinderung der Eignung nicht entgegenstünde.[210] Daraus lässt sich im Umkehrschluss folgern, dass eine Ungleichbehandlung und damit auch eine Frage nach der Schwerbehinderung zulässig sein müssen, wenn diese der Eignung des Bewerbers für die Stelle entgegensteht.

Vor allem ist nach der derzeitigen Fassung des Gesetzesentwurfs offen, welche *Rechtsfolgen* eine unzulässige Frage nach sich zieht. Bisher wird dem Bewerber in einem solchen Fall ein „Recht zur Lüge" zugesprochen, so dass dem Arbeitgeber kein Recht zur Anfechtung wegen arglistiger Täuschung gem. § 123 BGB zusteht.[211] Ein solches Recht hat jedoch im Regierungsentwurf keinen Niederschlag gefunden. Dieser sieht dagegen nur ein Beschwerderecht in § 321 IV BDSG-E sowie eine Ordnungswidrigkeit in § 43 BDSG-E vor. Wären dies die einzig möglichen Rechtsfolgen, dann würde das einen großen Rückschritt im Vergleich zur bisherigen Rechtslage bedeuten.[212] Daher muss das „Recht zur Lüge" auch künftig bestehen bleiben, da eine Abschaffung eine Verschlechterung des Datenschutzniveaus der Bewerber bedeuten würde. Darüber hinaus wird durch den Verweis auf die AGG-Vorschriften zu prüfen sein, ob bei einer unzulässig gestellten Frage gar ein Indiz für einen Diskriminierungstatbestand vorliegt, bei dem die Sanktionen der §§ 13 ff. AGG zur Anwendung kommen.[213] Es wäre daher hilfreich, wenn der Gesetzgeber im laufenden Gesetzgebungsverfahren hinsichtlich der Rechtsfolgen eine Klarstellung vornehmen würde.

---

[209] So im Ergebnis auch Wybitul (2011): S. 438; Bayreuther, NZA 2010, S. 680.
[210] Vgl. Entwurf eines Gesetzes zur Regelung des Beschäftigtendatenschutzes vom 15.12.2010, BT-Drs. 17/4230, S. 15.
[211] Vgl. Däubler (2010): Rn. 225; ErfK/Preis (2011): § 611 BGB, Rn. 286; BAG Urt. v. 05.10.1995 (2 AZR 923/94) in: NZA 1996, S. 371.
[212] Vgl. Raif, ArbRAktuell 2010b, S. 617; Forst, NZA 2010b, S. 1045.
[213] So auch Körner (2010): Online im Internet, S. 6; Raif, ArbRAktuell 2010b, S. 617; a.A. Forst, NZA 2010b, S. 1045, der dies für eine unverhältnismäßige Sanktion hält.

4.3.1.3 Handlungsempfehlungen und Umsetzungsvorschläge

➢ Große Veränderungen sind für die Unternehmen in Bezug auf das Fragerecht grundsätzlich nicht zu erwarten. Zu empfehlen wäre dennoch die Aufstellung eines Leitfadens, sofern ein solcher nicht schon im Unternehmen vorhanden ist. In diesem sollte festgehalten sein, was für Fragen unter welchen Umständen als zulässig zu erachten sind und welche Fragen grundsätzlich verboten sind. Außerdem bietet es sich an, dass die Personalverantwortlichen für die einzelnen Positionen in ihrem Unternehmen bereits im Vorfeld die Eigenschaften festlegen, die eine wesentliche und entscheidende Voraussetzung für die jeweilige Stelle sind. Hierdurch wird zum einen ersichtlich, welche Fragen in Anlehnung an § 32 BDSG-E überhaupt gestellt werden dürfen und zum anderen wären Unternehmen im Falle von eventuellen Klagen der Bewerber bereits darauf vorbereitet diese Voraussetzungen darlegen zu müssen.

➢ Um die Pflicht zur Beschäftigung schwerbehinderter oder gleichgestellter Menschen nach § 71 SGB IX besser erfüllen zu können, bietet es sich zudem an in der Stellenausschreibung einen Hinweis aufzunehmen, dass solche Bewerber bei der Stellenbesetzung eine Bevorzugung erfahren. Auf diese Weise wird die Entscheidung über die Offenlegung dieses Datums in die Hände der Bewerber gelegt und umgeht damit das Risiko eine unzulässige Frage selbst stellen zu müssen.

➢ Nichtsdestotrotz sollten die Unternehmen darauf achten, dass die Bewerbungsgespräche aus Angst vor unzulässigen Fragen zukünftig nicht allzu unpersönlich und nur noch standardisiert ablaufen.

4.3.2 Ärztliche Einstellungsuntersuchungen und Eignungstests

Im Rahmen des Bewerbungsverfahrens möchten sich die Arbeitgeber ein möglichst umfangreiches Bild vom jeweiligen Kandidaten machen. Von großem Interesse ist dabei natürlich auch der Gesundheitszustand des Bewerbers. Aus diesem Grund werden bereits seit langem Einstellungsuntersuchungen durchgeführt. Dies ist datenschutzrechtlich jedoch äußerst problematisch, da die Gesundheit des Beschäftigten streng privat ist.[214] Um diesen Untersuchungen künftig einen gewissen rechtlichen Rahmen zu geben, hat sich der Gesetzgeber in seinem Gesetzesvorhaben, speziell in § 32a I BDSG-E, die-

---

[214] Vgl. Raif, AuA Sonderausgabe 2010, S. 34; Haase/Heermann/Klügel, DuD 2010, S. 819.

ser Materie gewidmet. Neben den ärztlichen Untersuchungen führen die Unternehmen ebenso regelmäßig sog. Eignungstests mit den Bewerbern durch. Auch hiermit hat sich die Bundesregierung in ihrem Reformvorhaben befasst und in § 32a II BDSG-E eine Sondervorschrift zur Datenerhebung im Rahmen eines Eignungstests geschaffen.

4.3.2.1 Rechtliche Ausgestaltung der Einstellungsuntersuchungen

Laut dem AOK-Fehlzeiten-Report 2010[215] hat sich die Zahl der krankheitsbedingten Fehlzeiten im Jahre 2009 im Vergleich zum Vorjahr von 4,6 auf 4,8 Prozent gesteigert. Durchschnittlich dauerte eine Arbeitsunfähigkeit sogar 17,3 Tage pro Arbeitnehmer.[216] Aus diesem Grund ist das Interesse eines Arbeitgebers an einer gesunden und arbeitsfähigen Belegschaft durchaus nachvollziehbar. Allerdings fallen gesundheitliche Daten unter das Persönlichkeitsrecht der Arbeitnehmer und genießen zudem gem. § 3 IX BDSG als sensible Daten einen besonderen Schutz.[217] Diese widerstreitenden Interessen gilt es also bei der Zulässigkeitsfrage einer Einstellungsuntersuchung in einem angemessenen Maße zu berücksichtigen und auszugleichen.

Entsprechend der *gegenwärtigen Rechtslage* kann ein solcher Gesundheitscheck grundsätzlich erlaubt sein, wenn der Betroffene nach § 4a III BDSG hierin eingewilligt hat. Da in solch einem Fall jedoch nur selten von einer freiwilligen Einwilligung auszugehen ist,[218] ist diese Rechtfertigungsgrundlage in der Praxis eher irrelevant.[219] Somit bedarf es gem. § 4 I BDSG einer gesetzlichen Grundlage. Auf welche Grundlage eine wirksame Einstellungsuntersuchung gegenwärtig beruht, ist indes umstritten. Während einerseits der § 32 I 1 BDSG aufgrund seiner Spezialität als einschlägig erachtet wird, sind andererseits ebenso Stimmen in der Literatur zu finden, die den § 28 VI BDSG als geeignetere Grundlage ansehen.[220] Jedenfalls wird nach beiden Grundlagen eine Untersuchung grundsätzlich nur möglich sein, wenn dies für die Entscheidung über die Begründung eines Beschäftigungsverhältnisses erforderlich ist.[221] Hat sich ein Bewerber sodann einer ärztlichen Untersuchung unterzogen, so unterliegen die Untersuchungser-

---

[215] Vgl. AOK (2010): Online im Internet, S. 1.

[216] Zu berücksichtigen ist hierbei, dass die Daten nur auf den Fehlzeiten der ca. 9,7 Millionen bei der AOK versicherten Erwerbstätigen basieren.

[217] Vgl. hierzu etwa § 28 VII BDSG; Gola/Schomerus- Gola/Schomerus (2010): § 28 BDSG, Rn. 75 ff.

[218] Vgl. hierzu Kapitel 4.1.1.

[219] Vgl. Iraschko-Luscher/Kiekenbeck, NZA 2009, S. 1239.

[220] Vgl. Haase/Heermann/Klügel, DuD 2010, S. 821 f.; Erfurth, NJOZ 2009, S. 2923; Iraschko-Luscher/Kiekenbeck, NZA 2009, S. 1239.

[221] Vgl. ErfK/Wank (2011): § 32 BDSG, Rn. 12; Raif/Rasmussen-Bonne, GWR 2011, S. 80; Bayreuther, NZA 2010, S. 682.

gebnisse, genauso wie die Befunddaten, der ärztlichen Schweigepflicht gem. § 203 StGB i.V.m. § 8 I ASiG.[222] Dem Arbeitgeber darf damit nur mitgeteilt werden, ob ein Bewerber für die Stelle aus gesundheitlichen Gründen in Frage kommt oder nicht.

Nach der geplanten Reform darf ein Arbeitgeber die Begründung eines Arbeitsverhältnisses nur noch dann von einer ärztlichen Untersuchung abhängig machen, wenn die Erfüllung bestimmter gesundheitlicher Voraussetzungen wegen der Art der auszuübenden Tätigkeit oder der Bedingungen ihrer Ausübung eine wesentliche und entscheidende berufliche Anforderung[223] zum Zeitpunkt der Arbeitsaufnahme darstellt (§ 32a I 1 BDSG-E).[224] Diese Anforderungen liegen nach *Bayreuther* dann vor, wenn eine Gesundheitsuntersuchung dem Schutz des Beschäftigten vor gesundheitlichen Gefahren am Arbeitsplatz diene oder der Schutz Dritter eine solche Untersuchung erfordere.[225] Damit wäre es also zulässig, Bewerber für besonders verantwortungsvolle Positionen, wie z.B. Berufskraftfahrer, Lokführer oder Piloten, Seh- und Reaktionstests zu unterziehen.[226] Ebenso wird es gestattet sein, einen Elektriker auf seine Farbenblindheit zu testen, um ihn vor den Gefahren an seinem Arbeitsplatz zu schützen.[227] Unzulässig wäre es dagegen, eine Sekretärin auf etwaige Rückenleiden untersuchen zu lassen.[228] Auf diese Weise können unnötige Testreihen a priori ausgeschlossen werden.

Voraussetzung ist zudem, dass der Beschäftigte nach erfolgter Aufklärung über Art und Umfang der Untersuchung in diese sowie in die Weitergabe des Untersuchungsergebnisses an den Arbeitgeber eingewilligt hat (§ 32a I 2 BDSG-E).[229] Daneben wird nunmehr auch gesetzlich fixiert, dass nur dem Beschäftigten das vollständige Ergebnis (§ 32a I 3 BDSG-E) und dem Arbeitgeber ausschließlich die positive bzw. negative Eignung mitzuteilen ist (§ 32a I 4 BDSG-E).[230]

Zwar wird in § 32a I 1 BDSG-E ausdrücklich nur von „der auszuübenden Tätigkeit" gesprochen, es dürfte aber genauso wie in § 32 I BDSG-E von „Tätigkeiten" die Rede

---

[222] Vgl. Gola/Wronka (2010): Rn. 524 f.; ErfK/Wank (2011): § 32 BDSG, Rn. 12.

[223] Für eine grundlegende Beschreibung des Begriffes der wesentlichen und entscheidenden Anforderungen vgl. Kapitel 4.3.1.1.

[224] Vgl. Novara/Ohrmann, AuA 2011, S. 147; Forst, NZA 2010b, S. 1046; Tamm, PersV 2011, S. 51; Beckschulze/Natzel, BB 2010, S. 2370.

[225] Vgl. Bayreuther, NZA 2010, S. 682; ähnlich auch Beckschulze/Natzel, BB 2010, S. 2370.

[226] Vgl. Raif/Rasmussen-Bonne, GWR 2011, S. 80.

[227] Vgl. Raif, AuA Sonderausgabe 2010, S. 35.

[228] Vgl. Beckschulze/Natzel, BB 2010, S. 2370; Raif, ArbRAktuell 2010b, S. 617.

[229] Vgl. Tinnefeld/Petri/Brink, MMR 2010, S. 730; Novara/Ohrmann, AuA 2011, S. 147; zur Sinnhaftigkeit und Freiwilligkeit einer Einwilligung in solch einem Fall vgl. Kapitel 4.1.1.

[230] Vgl. Forst, NZA 2010b, S. 1046; Beckschulze/Natzel, BB 2010, S. 2370.

sein, so dass auch hier erst später in Betracht kommende Tätigkeiten für eine Untersuchung in Frage kommen, sofern sie zum Zeitpunkt der Einstellung bereits vorgesehen sind. Belegt wird dies einerseits durch § 32a I 4 BDSG-E und andererseits durch die Gesetzesbegründung, wo in beiden Fällen der Plural verwendet wird.[231]

4.3.2.2 Bewertung

Vor dem Hintergrund, dass es sich bei den Gesundheitsdaten um äußerst sensible Daten i.S.d. § 3 IX BDSG handelt, tut die Bundesregierung gut daran, die ärztlichen Untersuchungen vor Begründung eines Beschäftigungsverhältnis nun auch gesetzlich zu regeln. Zunächst hat sich dabei durch § 32a I 1 BDSG-E im Vergleich zur vorherigen Rechtslage nicht viel geändert, denn schon vor der Reform musste ein Gesundheitscheck für die jeweilige Stelle von besonderer Relevanz sein.[232] Eine Verschärfung erfährt die Rechtslage jedoch durch § 32a I 2 BDSG-E. Kann eine Einstellungsuntersuchung nach § 4 I BDSG gegenwärtig noch auf einen gesetzlichen Rechtfertigungsgrund (§§ 32 I 1, 28 VI BDSG) gestützt werden, so hängt künftig jede Untersuchung von der *Einwilligung* des jeweiligen Kandidaten ab.[233] Dies scheint aber nur auf den ersten Blick eine Verschärfung zu sein, da davon auszugehen ist, dass ein Bewerber im Rahmen des Recruitingprozesses stets in eine Untersuchung einwilligen wird, da seine Chancen auf eine Anstellung ansonsten gegen Null tendieren würden.[234] Somit läuft diese anvisierte Verbesserung des Beschäftigtendatenschutzes ins Leere.

Erneut ungeklärt bleiben die *Rechtsfolgen*, sollte der Bewerber aufgrund fehlender Einwilligungsbereitschaft abgelehnt werden. Ein Recht zur Lüge ergibt in diesem Fall keinen Sinn, da der untersuchte Körper oder das untersuchte Blut nicht lügen können.[235] Somit würde die Ablehnung eines Bewerbers durch die Verweigerung der Einwilligung bisher ohne Folgen bleiben.[236] Es ist jedoch fraglich, inwieweit es überhaupt Sinn macht, dem Bewerber eine ärztliche Untersuchung durch das Einwilligungserfordernis zur Disposition zu stellen, wenn der Arbeitgeber diesen im Anschluss ohne jedwede

---

[231] Vgl. Beckschulze/Natzel, BB 2010, S. 2370; Haase/Heermann/Rottwinkel, DuD 2011, S. 85.
[232] So auch Tamm, PersV 2011, S. 51; Perreng, PersR 2010, S. 120, wonach bei § 32a I 1 BDSG-E lediglich der Status Quo des bisherigen Rechts wiedergegeben wird.
[233] Vgl. Forst, NZA 2010b, S. 1046.
[234] Daher kann der Ansicht von Wybitul (2011): S. 451, der von einer grundsätzlichen Freiwilligkeit der Einwilligung durch diese gesetzliche Anforderung ausgeht, nicht gefolgt werden.
[235] Vgl. Forst, NZA 2010b, S. 1044; Raif, ArbRAktuell 2010b, S. 617.
[236] So auch Heinson/Sörup/Wybitul, CR 2010, S. 753.

Folgen ablehnen dürfte.[237] Daher ist dem Gesetzgeber zu empfehlen die Rechtsfolgen genau zu umreißen und die Aufklärungspflicht des § 32a I 2 BDSG-E um die Folgen der Verweigerung einer Einwilligung zu erweitern.

Zu beanstanden ist außerdem, dass § 32a BDSG-E im Gegensatz bspw. zum § 32 VII BDSG-E im vorliegenden Gesetzesentwurf *kein ausdrückliches Erfordernis der Verhältnismäßigkeit* verlangt. Dies wurde auch vom Bundesrat zu Recht kritisiert.[238] Allerdings hat die Bundesregierung in ihrer Gegenäußerung bereits klargestellt, dass ein neuer § 32a III BDSG-E eingeführt wird, der mit der Regelung des § 32 VII BDSG-E identisch ist.[239]

Grundsätzlich zu begrüßen sind dagegen die Regelungen in §§ 32a I 3, 4 BDSG-E bezüglich der *Mitteilung des Untersuchungsergebnisses*, denn sie führen zu einem angemessenen Schutz des informationellen Selbstbestimmungsrecht der Beschäftigten. Übersehen wird jedoch, dass hierbei auch das Recht auf Nichtwissen über die gesundheitliche Disposition tangiert wird. Der untersuchende Arzt ist nunmehr gem. § 32a I 3 BDSG-E gesetzlich dazu verpflichtet worden, dem Bewerber das Gesamtergebnis mitzuteilen. Um dieses Recht der Beschäftigten zu schützen, sollte die Mitteilung der vollständigen Ergebnisse künftig also nur auf ausdrücklichen Wunsch des Beschäftigten erfolgen.[240] Ein weiterer problematischer Aspekt ist, dass dem Arbeitgeber nach dem Wortlaut des § 32a I 4 BDSG-E stets nur das Endergebnis einer ärztlichen Untersuchung mitgeteilt werden darf. Diese Beschränkung kann allerdings unter Umständen für den Bewerber negative Folgen haben, denn sollte dieser für eine Stelle nur vorübergehend ungeeignet oder nur mit gewissen Hilfsmitteln geeignet sein, so hat der untersuchende Arzt trotzdem eine Eignung für die Tätigkeit zu verneinen. Folglich wäre es ratsam, diese Beschränkung ein wenig zu lockern.

Ungeregelt bleibt im Entwurf ferner, ob der Arbeitgeber für die Durchführung der ärztlichen Untersuchung *einen bestimmten Arzt vorgeben* darf oder ob dieser vom Beschäftigten frei gewählt werden kann. Der Gesetzgeber hätte in Bezug auf diesen Aspekt für

---

[237] In der Regel werden die Bewerber mit fehlender Bereitschaft zur Einwilligung für die fragliche Stelle nicht mehr in Betracht gezogen.

[238] Vgl. Entwurf eines Gesetzes zur Regelung des Beschäftigtendatenschutzes vom 15.12.2010, BT-Drs. 17/4230, S. 30.

[239] Vgl. Entwurf eines Gesetzes zur Regelung des Beschäftigtendatenschutzes vom 15.12.2010, BT-Drs. 17/4230, S. 40.

[240] So im Ergebnis auch Bayreuther, NZA 2010, S. 682.

mehr Klarheit sorgen können.[241] Am gerechtesten wäre es, die Untersuchungen durch einen neutralen Amtsarzt durchführen zu lassen, um so jedwede Befangenheiten des Arztes, sei es der Betriebsarzt im Unternehmen oder der Hausarzt des Bewerbers, von vornherein ausschließen zu können. Daneben wird im Gesetzesentwurf ebenfalls nicht klargestellt, ob die ärztlichen Gesundheitsuntersuchungen aufgrund gesetzlicher Vorschriften[242] von § 32a I BDSG-E unberührt bleiben. Auch hierzu wäre ein ergänzender Satz im Entwurf wünschenswert gewesen. Nach einhelliger Meinung in der Literatur ist jedenfalls davon auszugehen, dass diese gesetzlichen Verpflichtungen weiterhin bestehen bleiben.[243]

Schließlich ist zu bemängeln, dass es nach dem gegenwärtigen Stand des Gesetzesentwurfs allein der Entscheidung des Arbeitgebers obliegt, ob eine *ärztliche Untersuchung notwendig ist oder nicht.* So ist anzunehmen, dass ein Arbeitgeber im Zweifel eher zu einer solchen Untersuchung tendieren wird, um langfristig eine „gesunde" Belegschaft für das Unternehmen sicherzustellen. Einstellungsuntersuchungen würden damit von der Ausnahme zur Regel werden, was eine deutliche Verschlechterung der gegenwärtigen Rechtslage darstellt.

4.3.2.3 Rechtliche Ausgestaltung der Eignungstests

In Bezug auf die *vorherige Rechtslage* gelten die Ausführungen zur Einstellungsuntersuchung gleichermaßen.

Durch die *neue Vorschrift* des § 32a II BDSG-E erhalten nun auch Eignungstests eine gesetzliche Grundlage. Demnach sind solche Tests legitim, wenn eine Prüfung für die Feststellung der Eignung des Bewerbers nach Art oder Bedingung der künftigen Tätigkeit erforderlich ist.[244] Die Voraussetzung der Erforderlichkeit schließt nach der Gesetzesbegründung die Erhebung von Daten, die keine Relevanz für die vorgesehene Tätigkeit besitzen, grundlegend aus.[245] Wie bei den Einstellungsuntersuchungen hängen die Art und der Umfang des Eignungstests entscheidend von der zukünftigen Tätigkeit ab, so dass bspw. Reaktions-, Belastungs- oder Assessment-Center-Tests nur zulässig sind,

---

[241] Vgl. Entwurf eines Gesetzes zur Regelung des Beschäftigtendatenschutzes vom 15.12.2010, BT-Drs. 17/4230, S. 30 f., wo dies auch berechtigterweise vom Bundesrat kritisiert wird.

[242] Zum Beispiel § 32 Jugendarbeitsschutzgesetz, §§ 28 ff. Gefahrenstoffverordnung, § 81 Seemannsgesetz.

[243] Vgl. Gola/Wronka (2010): Rn. 523; Raif, AuA Sonderausgabe 2010, S. 35; Tamm, PersV 2011, S. 51; Beckschulze/Natzel, BB 2010, S. 2370.

[244] Vgl. Raif, ArbRAktuell 2010b, S. 617; Tamm, PersV 2011, S. 51.

[245] Vgl. Entwurf eines Gesetzes zur Regelung des Beschäftigtendatenschutzes vom 15.12.2010, BT-Drs. 17/4230, S. 16.

wenn und soweit diesbezüglich besondere berufliche Anforderungen bestehen.[246] Damit dürften etwa Tests zur Allgemeinbildung für eine Tätigkeit als Rechtsanwalt oder Journalist erlaubt sein, während dies für einen Piloten wohl eher nicht erforderlich sein wird.[247]

Auch hier muss der Bewerber gem. § 32a II 2 BDSG-E nach erfolgter Aufklärung über Art und Umfang in den Eignungstest sowie die Weitergabe des Ergebnisses an den Arbeitgeber eingewilligt haben.[248] Neu ist dagegen, dass die Eignungstests nunmehr gem. § 32a II 3 BDSG-E nach wissenschaftlich anerkannten Methoden zu erfolgen haben, sofern solche bestehen.[249] Im Anschluss sind dem Bewerber nach § 32a II 4 BDSG-E die Testergebnisse in vollem Umfang mitzuteilen. Im Gegensatz zu den Einstellungsuntersuchungen ist der Mitteilungsumfang an den Arbeitgeber gem. § 32a II 5 BDSG-E jedoch nicht beschränkt, es sei denn, die Prüfungen werden ganz oder teilweise von Personen durchgeführt, die einer beruflichen Schweigepflicht unterliegen (z.B. Berufspsychologen).[250] In diesem Fall darf dem Arbeitgeber wiederum nur offenbart werden, ob ein Bewerber für die angestrebte Tätigkeit geeignet ist oder nicht.[251]

4.3.2.4 Bewertung

Einleitend sei an dieser Stelle bezüglich der fehlenden Voraussetzung der Verhältnismäßigkeit sowie der ungeklärten Rechtsfolgen auf die Ausführungen zu den Einstellungsuntersuchungen verwiesen.[252]

Die Einführung der *Einwilligungspflicht* in § 32a II 2 BDSG-E wird zur Folge haben, dass nunmehr vor jedem einzelnen Eignungstest Einwilligungserklärungen sämtlicher Bewerber einzuholen sind sowie eine Aufklärung über Art und Umfang der Tests zu erfolgen hat. Der diesbezügliche Aufwand wäre enorm, so dass es äußerst fraglich erscheint, ob diese Verfahrensweise bei Eignungstests im Rahmen von Bewerbungsverfahren wirklich notwendig ist, schließlich sind solche Tests im heutigen Bewerbungsverfahren Gang und Gebe. So kann regelmäßig davon ausgegangen werden, dass ein

---

[246] Vgl. hierzu Kapitel 4.3.2.1; Entwurf eines Gesetzes zur Regelung des Beschäftigtendatenschutzes vom 15.12.2010, BT-Drs. 17/4230, S. 16.

[247] Vgl. Wybitul (2011): S. 453.

[248] Vgl. Beckschulze/Natzel, BB 2010, S. 2370 f.; Forst, NZA 2010b, S. 1046.

[249] Vgl. Thüsing, NZA 2011, S. 17; Haase/Heermann/Rottwinkel, DuD 2011, S. 85; Novara/Ohrmann, AuA 2011, S. 147.

[250] Vgl. Entwurf eines Gesetzes zur Regelung des Beschäftigtendatenschutzes vom 15.12.2010, BT-Drs. 17/4230, S. 17.

[251] Vgl. Hunold, AuA Sonderausgabe 2010, S. 18; Beckschulze/Natzel, BB 2010, S. 2371.

[252] Vgl. hierzu Kapitel 4.3.2.2.

Kandidat bereits durch seine Bewerbung zumindest konkludent kund getan hat, dass er den Bewerbungsprozess sowie die damit verbundenen Eignungstests gern durchlaufen möchte.[253] Dagegen spricht zudem, dass mit den Voraussetzungen der Erforderlichkeit sowie der vom Gesetzgeber bereits angekündigten Verhältnismäßigkeit dem Schutz der Arbeitnehmer in diesem Falle bereits Genüge getan ist.

Ein weiterer Kritikpunkt ist die Verpflichtung, dass die Eignungstests gem. § 32a II 3 BDSG-E nach *wissenschaftlich anerkannten Methoden* zu erfolgen haben. Die Tests der Arbeitgeber sind in der Praxis regelmäßig sehr individuell auf die jeweilige Stelle bzw. das jeweilige Unternehmen zugeschnitten. Nach der Neuregelung dürfte der Arbeitgeber künftig entweder nur noch standardisierte, aber den wissenschaftlichen Methoden entsprechende, Eignungstests durchführen oder er müsste jedes Mal nachweisen, dass für diese spezifische Art von Tests keine wissenschaftlichen Kriterien existieren. Es besteht also die Gefahr, dass den Unternehmen diese sinnvolle Individualisierungsmöglichkeit durch die neue Verpflichtung des § 32 a II 3 BDSG-E genommen wird. *Thüsing* fragt daher völlig zu Recht, wieso einem Arbeitgeber, der selbst nicht wissenschaftlich arbeite, die Verpflichtung auferlegt werden solle, Eignungstests nur nach wissenschaftlichen Methoden durchzuführen.[254] Zwar mag diese Vorschrift gut gemeint sein, doch erscheint sie nicht wirklich praxistauglich. Um dennoch ein Mehr an Beschäftigtenschutz zu schaffen, würde es sich vielmehr anbieten, auch die Art und den Umfang eines Eignungstests der Erforderlich- und der Verhältnismäßigkeit zu unterwerfen. Dem Gesetzgeber ist daher nahezulegen, diese Vorschrift zu ändern oder sogar ganz zu streichen.

4.3.2.5 Exkurs: Untersuchungen und Eignungstests nach der Einstellung

Etwas völlig Neues hält der Gesetzesentwurf in § 32c III BDSG-E bereit. Dort wird dem Arbeitgeber erstmalig die Möglichkeit eingeräumt, ärztliche Untersuchungen sowie Eignungstests nach Maßgabe des § 32a BDSG-E auch während des Beschäftigungsverhältnisses veranlassen zu können. Dies war bislang nur für die vom Gesetz explizit festgelegten arbeitsmedizinischen Untersuchungen durch unabhängige Stellen gestattet.[255] Nach § 32c III BDSG-E darf ein Arbeitgeber diese Untersuchungen und Tests jedoch

---

[253] So im Ergebnis auch Beckschulze/Natzel, BB 2010, S. 2371; Forst, NZA 2010b, S. 1046.
[254] Vgl. Thüsing, NZA 2011, S. 17.
[255] Vgl. Verdi (2010): Online im Internet, S. 3.

nur durchführen, soweit sie erforderlich sind, um die Eignung eines Beschäftigten zu überprüfen und entweder tatsächliche Anhaltspunkte vorliegen, die Zweifel an der fortdauernden Eignung des Beschäftigten begründen, oder die Maßnahmen im Zusammenhang mit einem Tätigkeits- oder Arbeitsplatzwechsel stehen.[256]

Grundsätzlich verschlechtert diese Vorschrift die Rechte der Beschäftigten, da diese nunmehr noch nie dagewesene Leistungs- und Eignungsüberprüfungen ermöglicht.[257] Überdies sind die eben genannten Erhebungszwecke des § 32c III BDSG-E vom Dienstherrn recht problemlos geltend zu machen und bieten damit nur einen geringen Schutz für die Arbeitnehmer. Es besteht folglich die Gefahr, dass durch die missbräuchliche Nutzung der Untersuchungs- bzw. Testergebnisse unliebsame oder leistungsschwächere Beschäftigte stark unter Druck gesetzt werden können.[258] Aus diesem Grund ist gut daran getan, dass durch die Verweisung auf § 32a BDSG-E auch hier das Erfordernis der Einwilligung des Beschäftigten besteht. Dieser kann somit zumindest im Falle des Tätigkeits- bzw. Arbeitsplatzwechsels selbst bestimmen, ob er sich einer diesbezüglichen Untersuchung oder Prüfung unterziehen möchte oder nicht. Fraglich ist jedoch, welche Folgen eine Einwilligungsverweigerung seitens des Beschäftigten in Bezug auf die Feststellung der fortdauernden Eignung nach sich ziehen wird. Hat der Arbeitgeber Zweifel hieran und möchte diese beseitigt haben, gelten seine Zweifel dann nicht etwa als bestätigt, wenn der Arbeitnehmer keine Einwilligung erteilt hat? Dies bedarf unbedingt einer Klarstellung seitens des Gesetzgebers, da ansonsten dem Missbrauch Tür und Tor geöffnet wird.

Gleichzeitig werden durch die Neuregelung Kontrollen ohne konkreten Anlass verboten, es sei denn, es handelt sich um arbeitsmedizinische Vorsorgeuntersuchungen, die laut Gesetzesbegründung weiterhin anlasslos möglich sind.[259] Das ist zwar zunächst zu begrüßen, allerdings wird dies insbesondere für solche Unternehmen negative Folgen haben, die aufgrund erhöhter Gefahrenpotentiale gewisse Sicherheitsstandards einhalten müssen. So wurden bisher bspw. in Produktionsbetrieben routinemäßige Alkohol- und Drogenkontrollen durchgeführt, um einerseits für einen reibungslosen Produktionsprozess, aber andererseits auch für einen entsprechenden Schutz der Arbeitnehmer zu sor-

---

[256] Vgl. Wybitul (2011): S. 448 f.; Beckschulze/Natzel, BB 2010, S. 2371; Forst, NZA 2010b, S. 1046.
[257] So auch die Kritik von Körner (2010): Online im Internet, S. 8 f.
[258] Vgl. Verdi (2010): Online im Internet, S. 3.
[259] Vgl. Entwurf eines Gesetzes zur Regelung des Beschäftigtendatenschutzes vom 15.12.2010, BT-Drs. 17/4230, S. 17.

gen.[260] Da diese Kontrollen nach bisheriger Rechtslage nur auf der Grundlage von Betriebsvereinbarungen oder einer tarifvertraglichen Verpflichtung zulässig sind,[261] durch diese nach § 32l V BDSG-E aber nicht zu Ungunsten der Beschäftigten von den Regelungen des § 32a BDSG-E abgewichen werden darf, sind diese Kontrollformen nach der geplanten Reform zukünftig nicht mehr gestattet. Dies erscheint aus Sicherheitsgründen äußerst bedenklich. Es sollten daher zumindest für stichprobenartige Alkohol- und Drogenkontrollen bei besonders gefahrgeneigten Tätigkeiten Ausnahmen von diesem Verbot eingeräumt werden.

4.3.2.6 Handlungsempfehlungen und Umsetzungsvorschläge

➢ Vor dem Hintergrund, dass die gesundheitlichen Voraussetzungen gem. § 32a I 1 BDSG-E wesentliche und entscheidende berufliche Anforderungen für die vorgesehene Position darstellen müssen, entscheidet letztendlich das Stellenprofil des Arbeitgebers darüber, welche Untersuchungen zulässig sind und welche nicht. Ebenso verhält es sich mit der Erforderlichkeit eines Eignungstests, die ebenfalls maßgeblich vom Stellenprofil abhängen wird. Aus diesem Grund ist den Unternehmen zu empfehlen, künftig möglichst präzise und zweckmäßige Anforderungen im Stellenprofil einer jeweiligen Tätigkeit zu formulieren, um damit entsprechende Einstellungsuntersuchungen oder Eignungstests auch rechtfertigen zu können.

➢ Wie bereits ausgeführt gelten die Voraussetzungen dieser Vorschrift auch für zukünftige Tätigkeiten, sofern diese bei der Einstellung bereits vorgesehen sind.[262] Aus diesem Grund sollten die Unternehmen frühzeitig planen, welche möglichen Positionen der eingestellte Kandidat künftig ausfüllen könnte, damit bereits im Zuge des Bewerbungsverfahrens etwaige Testreihen für diese Tätigkeiten anberaumt werden können.

➢ Es wäre außerdem zu empfehlen, sowohl den Bewerbern als auch den gegenwärtig beschäftigten Arbeitnehmern im Rahmen ihrer Einwilligungserklärung die Möglichkeit zu eröffnen, auf die Mitteilung der Ergebnisse verzichten zu können, damit sie ihr Recht auf Nichtwissen über die gesundheitliche Disposition auch wahrnehmen können.

---

[260] Vgl. Beckschulze/Natzel, BB 2010, S. 2371.
[261] Vgl. Gola/Wronka (2010): Rn. 557.
[262] Vgl. hierzu Kapitel 4.3.2.1.

➤ Um des Weiteren der Aufklärungspflicht in Bezug auf Einwilligungen in § 32a I 2 BDSG-E entsprechend nachkommen zu können, sollten bereits im Zuge der Ausarbeitung des Stellenprofils adäquate Informationsschreiben vorbereitet werden, die den Bewerber sowie die aktuell Beschäftigten über die Art und den Umfang der notwendigen Untersuchungen und Tests aufklären. Hierbei bietet es sich zudem an, auf die Folgen einer Verweigerung der Einwilligung hinzuweisen, dass ein Kandidat in diesem Fall nicht mehr für die Stellenbesetzung berücksichtigt wird.

➤ Daneben sollten ebenfalls für die Einwilligungserklärungen sowie die Mitteilung der Testergebnisse, sofern die Eignungstests selbst vorgenommen wurden, etwaige Formulare vorbereitet werden.

➤ Die gegenwärtig eingesetzten Eignungstests sind dahingehend zu kontrollieren, ob es dazu wissenschaftlich anerkannte Methoden gibt und sodann entweder anzupassen oder gar völlig neu zu gestalten. Im letzteren Fall sollte jedoch von Anfang an dokumentiert werden, dass diese Tests selbst entwickelt worden sind, um dies später auch problemlos nachweisen zu können.

➤ Zurückhaltender sollte den routinemäßigen Alkohol- und Drogentests begegnet werden. Diese sind nach derzeitigem Stand des Regierungsentwurfs (noch) unzulässig. Daher ist anzuraten, von der Planung zukünftiger Tests bis zu einer diesbezüglichen Klarstellung des Gesetzgebers oder der Gerichte Abstand zu nehmen.

4.3.3 Background-Checks im Internet und Sozialen Netzwerken

Um die Eignung eines Kandidaten für eine ausgeschriebene Stelle zu verifizieren, nutzen Unternehmen im Bewerbungsverfahren zunehmend das Mittel des Background Checks.[263] Unter diesen Begriff fallen sämtliche Maßnahmen, die es dem Arbeitgeber ermöglichen, umfassende Kenntnisse über Charakter, Fähigkeiten, Zuverlässigkeit und Integrität eines Bewerbers zu erlangen.[264] Im Internet existieren unzählige Quellen, in denen solche Eigenschaften der Kandidaten recherchiert werden können. Darunter fallen vordergründig die sog. Web 2.0-Anwendungen, wie etwa Blogs, Diskussionsforen oder Soziale Netzwerke. Vor allem letztere sind hierbei von besonderer Bedeutung,

---

[263] In diesem Abschnitt steht ausschließlich der Background Check im Internet, dabei insbesondere die Sozialen Netzwerke, im Fokus.
[264] Vgl. Schmid/Appt, AuA 2010 Sonderausgabe, S. 23.

denn sie haben in Deutschland schon längst mehr Mitglieder als die großen Vereine oder Parteien.[265]

Es lassen sich dabei zwei Formen von sozialen Netzwerken unterscheiden. Auf der einen Seite gibt es die berufsorientierten Netzwerke, wie z.B. XING oder LinkedIn, um für im Arbeitsleben stehende Personen und Bewerber eine Kommunikationsplattform mit potentiellen Arbeitgebern oder etwa Geschäftspartnern zur Verfügung zu stellen. Auf der anderen Seite entstehen immer mehr freizeitorientierte Netzwerke, die den Austausch im privaten Bereich erleichtern sollen und somit hauptsächlich persönliche Daten enthalten. Hierunter fallen insbesondere die Netzwerke Facebook, MeinVZ, StudiVZ und SchülerVZ sowie diverse regionale Netzwerke wie bspw. OS-Community, die immer häufiger und insbesondere von jüngeren Menschen als Medium genutzt werden.[266] Belegt wird dies durch die hohen täglichen Besucheranzahlen auf den Seiten der Sozialen Netzwerke. So hat allein Facebook, als größtes Netzwerk in Deutschland, täglich mehr als 1,75 Millionen Besucher auf seiner Seite.[267]

Abbildung 1: Soziale Netzwerke

[265] Vgl. Oberwetter, NJW 2011, S. 417.
[266] Vgl. Forst, NZA 2010a, S. 428.
[267] Vgl. hierzu Abbildung 2.

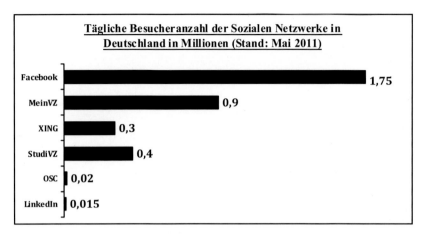

Abbildung 2: Besucheranzahl

Dies haben auch die Unternehmen vernommen und bereits seit geraumer Zeit ihre Recruitingaktivitäten um diesen kostengünstigen Kanal erweitert. Belegt wird dies durch eine Umfrage des Bundesministeriums für Verbraucherschutz, nach der mehr als ein Viertel der teilnehmenden Unternehmen das Internet für Personalentscheidungen nutzen und sogar 36% ihre Recherchen in Sozialen Netzwerken durchführen.[268] Zudem geben laut dem Sozialmediareport 2010/2011 rund 89% der Unternehmen an, dass die Bedeutung der Sozialen Medien im Berufsalltag zukünftig noch weiter zunehmen wird.[269] Vor diesem Hintergrund erscheint es sehr verwunderlich, dass sich immer noch viele – vor allem jüngere – Menschen nicht der Konsequenzen bewusst sind, wenn sie z.B. unsägliche Partyfotos in ihr Profil einstellen.[270] Wie sich die Reform auf die Datenerhebung in diesen Netzwerken sowie die allgemeine Internetrecherche ausgewirkt hat, wird im Folgenden dargestellt.

4.3.3.1 Rechtliche Ausgestaltung

Nach der *bisherigen Rechtslage* dürfen allgemein zugängliche Daten, also bspw. über eine Suchmaschine abrufbare Informationen, nach § 28 I 1 Nr.3 BDSG nur erhoben werden, sofern keine entgegenstehenden Interessen des Bewerbers überwiegen.[271] Es

---

[268] Vgl. BMELV (2009): Online im Internet.
[269] Vgl. Sozialmediareport (2010): Online im Internet, S. 18.
[270] Vgl. Schmid/Appt, AuA 2010 Sonderausgabe, S. 23; Ernst, NJOZ 2011, S. 953.
[271] Vgl. Gola/Schomerus- Gola/Schomerus (2010): § 32 BDSG, Rn. 35; Novara/Ohrmann, AuA 2011, S. 146; Körner (2010): Online im Internet, S. 7 f.; Ernst, NJOZ 2011, S. 953 f.

muss hierfür allerdings eine entsprechende Relevanz für die bestehende oder zukünftige arbeitsvertragliche Beziehung vorliegen.[272] Hinsichtlich der Sozialen Netzwerke gestaltet sich die Rechtslage so, dass der Zugriff der Personaler auf berufsorientierte Netzwerke als zulässig, die Recherche in freizeitorientierten Netzwerken jedoch als unzulässig erachtet wird.[273] Unterstützt wird dies außerdem durch die AGB der jeweiligen Netzwerkbetreiber. So ist bspw. der Zugang in den VZ-Netzwerken nur natürlichen Personen erlaubt.[274] Ferner dürfen die freizeitorientierten Netzwerke nach ihren AGB nur für private und nicht etwa für gewerbliche, geschäftliche oder kommerzielle Zwecke genutzt werden.[275] Eine Bewerberauswahl über soziale Netzwerke dient allerdings der Personalplanung und damit einem Geschäftszweck, so dass hiermit in freizeitorientierten Netzwerken gegen deren AGB verstoßen wird. Demgegenüber lassen sich in den AGB der berufsorientierten Netzwerke keine vergleichbaren Regelungen finden, weshalb eine Kandidatensuche durch Arbeitgeber in diesem Fall gestattet ist.[276]

Im Zuge der Reformierung des Beschäftigtendatenschutzes hat der Gesetzgeber nunmehr in § 32 VI BDSG-E eine eigenständige Rechtsgrundlage zur Datenerhebung im Internet („Mitarbeitergoogeln") sowie in den Sozialen Netzwerken geschaffen. Aufgrund dieser wird der Gesetzesentwurf in der Öffentlichkeit vereinzelt auch „lex facebook"[277] oder „Arbeitnehmerdatenschutz 2.0"[278] genannt. Zunächst stellt die Neuregelung dabei in ihrem ersten Absatz den Grundsatz der Direkterhebung auf (§ 32 VI 1 BDSG-E). Dieser ist jedoch nicht neu, denn bereits vor der Reform waren personenbezogene Daten gem. § 4 II 1 BDSG beim Betroffenen selbst zu erfragen.[279] Eine Ausnahme soll nach dem Gesetzesentwurf jedoch für allgemein zugängliche Quellen[280] gelten, in denen eine Erhebung von Beschäftigtendaten ohne Mitwirkung des Beschäftigten dann zulässig ist, soweit der potenzielle Arbeitgeber vorab auf diese Mög-

---

[272] Vgl. Erfurth, NJOZ 2009, S. 2914; Gola/Schomerus- Gola/Schomerus (2010): § 32 BDSG, Rn. 35; Forst, NZA 2010a, S. 429 sowie Schmidt, RDV 2009, S. 193 begründen diese Voraussetzung unter Heranziehung von § 32 I 1 BDSG.

[273] Vgl. Oberwetter, NJW 2011, S. 417; Rolf/Rötting, RDV 2009, S. 266; Gola/Schomerus- Gola/Schomerus (2010): § 32 BDSG, Rn. 35.

[274] Vgl. Punkt 2.1 StudiVZ-AGB vom 16.10.2009.

[275] Vgl. Punkt 5.4.2 StudiVZ-AGB vom 16.10.2009; Punkt 4.2 Facebook-AGB vom 04.10.2010.

[276] Vgl. Forst, NZA 2010a, S. 429.

[277] Hanloser (2010): Online im Internet.

[278] Schreier (2010): Online im Internet.

[279] Vgl. ErfK/Wank (2011): § 4 BDSG, Rn. 5; Lelley/Müller, RDV 2011, S. 59.

[280] Darunter fallen z.B. Daten aus Presse und Rundfunk, aber auch Daten aus dem Internet, sofern sie über eine Suchmaschine frei auffindbar sind. Nicht frei zugänglich sind dagegen Daten, die nur einem beschränkten Personenkreis offen liegen. Vgl. hierzu Entwurf eines Gesetzes zur Regelung des Beschäftigtendatenschutzes vom 15.12.2010, BT-Drs. 17/4230, S. 16.

lichkeit hingewiesen hat und kein schutzwürdiges Interesse des Betroffenen an dem Ausschluss der Erhebung überwiegt (§ 32 VI 2 BDSG-E).[281] Diese Ausgestaltung entspricht der bisherigen Rechtslage nach § 28 I 1 Nr.3 BDSG. Neu ist jedoch, dass die Arbeitgeber den Bewerber auf diese Erhebungsmöglichkeit hinzuweisen haben. Wann genau schutzwürdige Interessen vorliegen führt die Gesetzesbegründung beispielhaft aus: So ist dies der Fall, wenn die Daten im Internet offensichtlich alt sind, der Beschäftigte keine Herrschaft über die Veröffentlichung der Daten mehr hat oder die Datenerhebung gegen die AGB desjenigen verstoßen, der die Informationen zur Verfügung stellt, bzw. diesen eine Plattform bietet.[282] Daneben wird im Gesetzestext ausdrücklich klargestellt, dass die Interessen des Bewerbers kraft unwiderleglicher Vermutung stets dann überwiegen, wenn die Daten aus Sozialen Netzwerken stammen, die der elektronischen Kommunikation[283] dienen (§ 32 VI 3, 1.Hs. BDSG-E); d.h. Personalverantwortliche dürfen grundsätzlich nicht in ihnen recherchieren. Damit erhält das diesbezügliche Verbot in den AGB dieser Netzwerke erstmals eine gesetzliche Grundlage.[284] Diese Ausnahme bezieht sich jedoch nicht auf Netzwerke, die der Darstellung der beruflichen Qualifikation[285] dienen (§ 32 VI 3, 2.Hs. BDSG-E).[286] Allerdings gilt die Erhebungsbefugnis in diesem Fall nicht schrankenlos, denn auch hier haben nach § 32 VI 2 BDSG-E eine Interessenabwägung sowie eine Mitteilung des Arbeitgebers an den Beschäftigten zu erfolgen.[287]

Fraglich ist jedoch, wie sich die Rechtslage für die Erhebung von Beschäftigtendaten aus Sozialen Netzwerken gestaltet, die auch durch eine Suchmaschine im Internet zu finden sind. Dies ist bspw. bei Facebook möglich, sofern die entsprechende Option vom User freigegeben wird.[288] Selbst wenn dies nicht unter dem eben ausgeführten Verbot zu subsumieren wäre, so muss eine solche Erhebung zumindest gem. § 32 I BDSG-E verboten sein, da personenbezogene Daten aus freizeitorientierten Netzwerken keinerlei berufsbezogenen Bezug besitzen.[289] Etwas anderes gilt zweifelsfrei, wenn der Bewerber

[281] Vgl. Novara/Ohrmann, AuA 2011, S. 146; Raif, ArbRAktuell 2010b, S. 617.
[282] Vgl. Entwurf eines Gesetzes zur Regelung des Beschäftigtendatenschutzes vom 15.12.2010, BT-Drs. 17/4230, S. 16; Raif, ArbRAktuell 2010b, S. 617.
[283] Der Gesetzgeber meint hiermit wohl die freizeitorientierten Netzwerke; vgl. hierzu Kapitel 4.3.3.
[284] Vgl. Forst, NZA 2010b, S. 1045 f.
[285] Der Gesetzgeber meint hiermit wohl die berufsorientierten Netzwerke; vgl. hierzu Kapitel 4.3.3.
[286] Vgl. Entwurf eines Gesetzes zur Regelung des Beschäftigtendatenschutzes vom 15.12.2010, BT-Drs. 17/4230, S. 16; Oberwetter, NJW 2011, S. 418.
[287] Vgl. Forst, NZA 2010b, S. 1045 f.; Oberwetter, NJW 2011, S. 418.
[288] Vgl. Punkt 3 (Information für „alle") der Facebook-Datenschutzrichtlinien vom 22.12.2010.
[289] So im Ergebnis auch Oberwetter, NJW 2011, S. 418.

dem potenziellen Arbeitgeber seine vorherige Zustimmung erteilt hat. In diesem Fall darf dieser auch bei sonstigen Dritten personenbezogene Daten erheben, hat dem Beschäftigten allerdings auf Verlangen über den Inhalt der erhobenen Daten Auskunft zu erteilen (§ 32 VI 4 BDSG-E).[290] Darüber hinaus muss die Datenerhebung wiederum nach Art und Ausmaß verhältnismäßig sein (§ 32 VII BDSG-E).[291]

4.3.3.2 Bewertung

Die Internetrecherche und insbesondere die Sozialen Netzwerke erfreuen sich in der Gesellschaft einer immer größeren Beliebtheit, daher tut die Bundesregierung gut daran, die Handhabung dieser Medien im Rahmen eines Background-Checks von Bewerbern erstmals gesetzlich zu normieren. Wie es nun mal so ist, bringen die ersten Gehversuche meistens einige Probleme mit sich. Diese Regel macht auch vor diesem Normierungsversuch des Gesetzgebers keinen Halt.

Auf den ersten Blick zu begrüßen ist die *Einführung der neuen Hinweispflicht* des Arbeitgebers in § 32 VI 2 BDSG-E. Hierdurch erhält der Bewerber nämlich die Möglichkeit seinen Online-Auftritt vor dem Absenden seiner Bewerbungsunterlagen von eher schädlichen Informationen über seine Person zu befreien.[292] Diesbezüglich wird in der Entwurfsbegründung der Vorschlag unterbreitet, diesen Hinweis bereits in der Stellenausschreibung zu tätigen.[293] Es stellt sich hierbei allerdings die Frage nach der Sinnhaftigkeit dieses Unterfangens, denn heutzutage geht die überwiegende Mehrheit der Bewerber sowieso davon aus, dass sich die Unternehmen anhand von Background-Checks regelmäßig ein Bild über die einzelnen Kandidaten machen. *Novara* und *Ohrmann* vergleichen diese Hinweispflicht gar mit der berühmten Warnung auf den Plastikdeckeln der Kaffeebecher amerikanischer Systemgastronomen: „'Caution: Content is hot!' – wer hätte das gedacht?!"[294]

Des Weiteren ist zu bemängeln, dass der Gesetzesentwurf den *Begriff der Sozialen Netzwerke* verwendet, ohne dass dieser an irgendeiner Stelle genau definiert wird. Zwar wird in § 32 VI 3 BDSG-E unterschieden zwischen jenen Netzwerken die der elektronischen Kommunikation dienen und jenen die zur Darstellung der beruflichen Qualifika-

---

[290] Vgl. Forst, NZA 2010b, S. 1045 f.
[291] Vgl. Beckschulze/Natzel, BB 2010, S. 2370.
[292] Vgl. Raif, ArbRAktuell 2010b, S. 617; Forst, NZA 2010b, S. 1045.
[293] Vgl. Entwurf eines Gesetzes zur Regelung des Beschäftigtendatenschutzes vom 15.12.2010, BT-Drs. 17/4230, S. 16.
[294] Vgl. Novara/Ohrmann, AuA 2011, S. 146.

tion ihrer Mitglieder bestimmt sind, diese Einteilung vermag allerdings kaum zu über-zeugen, schließlich dienen auch die beruflichen Netzwerke der Kommunikation. Gleichzeitig benutzen viele Nutzer die privaten Plattformen, um ihre beruflichen Kontakte zu pflegen. Die Grenzen verschwimmen hier zusehends, weshalb es äußerst fraglich ist, wo genau diese zu ziehen sind. So bleibt es schlussendlich wieder einmal dem Bewerber überlassen, durch etwaige Klagen für eine Klärung zu sorgen, ob bestimmte personenbezogene Daten überhaupt hätten erhoben werden dürfen. Sinnvoll wäre eine Unterteilung in berufsorientierte und freizeitorientierte Netzwerke gewesen, wie dies einleitend bereits ausgeführt wurde.[295] Allerdings müsste der Gesetzgeber auch in diesem Fall genau abstecken, ab wann ein Netzwerk als berufsorientiert zu klassifizieren ist, da hiermit gem. § 32 VI 3, 2.Hs. BDSG-E ein geringer Schutz der Beschäftigtendaten einhergeht.

Nichtsdestotrotz ist die Freigabe der *berufsorientierten Netzwerke* für beide Parteien förderlich, denn hierdurch wird dem Bewerber einerseits ermöglicht gewisse Dinge über sich zu offenbaren, die in einem Bewerbungsschreiben keinen Platz finden, wie dies etwa bei der Anzahl von wertvollen Geschäftskontakten der Fall ist, und andererseits wird dem potenziellen Arbeitgeber damit überhaupt erst die Möglichkeit gegeben, diese in Erfahrung zu bringen.[296] Aber auch hier gibt es ein weiteres datenschutzrechtliches Schlupfloch, denn während der Recherche in diesen Netzwerken kann es zur Erhebung von AGG-relevanten Daten kommen.[297] Zwar bleibt eine solche Erhebung gem. § 32 VI 5 i.V.m. § 32 II 1 BDSG-E weiterhin verboten, nur sind diese Daten dem Personaler dann bereits zur Kenntnis gelangt, so dass er diese Fakten freilich nicht zur Begründung heranziehen, sich aber sehr wohl davon beeinflussen lassen wird.[298] Wie dies in der Praxis verhindert werden soll, bleibt offen.

Ähnliche Probleme ergeben sich auch für die *privaten Sozialen Netzwerke*. Eine heimliche Recherche der Personalverantwortlichen, ohne den Bewerber dabei in Kenntnis zu setzen, ist nach § 32 VI 3 BDSG-E zwar verboten, allerdings gibt es hier einen erheblichen Graubereich, da sich Arbeitgeber, z.B. durch die Verwendung von Fantasienamen, eine Mitgliedschaft nur allzu leicht erwerben und mit Hilfe dieses Accounts ihre Re-

---

[295] Vgl. hierzu Kapitel 4.3.3.
[296] Vgl. Raif, ArbRAktuell 2010b, S. 617.
[297] In Frage kämen wohl insbesondere Daten über die rassische oder ethnische Herkunft sowie die Religion.
[298] Die gleiche Gefahr besteht bspw. auch für die Feststellung einer Schwerbehinderung oder einer Schwangerschaft durch etwaige Kommunikation oder Angaben im berufsorientierten Netzwerk.

cherchen vornehmen können.[299] So werden die Kandidaten auch in Zukunft sicherlich weiterhin auf belastendes Material durchleuchtet werden, ohne dass sie überhaupt die Möglichkeit einer Kenntnisnahme besitzen und dazu Stellung beziehen können.[300] Also muss sich auch diese Regelung in der Praxis erst einmal beweisen. Daneben bleiben die Rechtsfolgen einer solchen Handlung ungeklärt. Um diesen Streben der Arbeitgeber entgegenwirken zu können, würde sich bspw. eine Beweiserleichterung in Anlehnung an den § 22 AGG anbieten.[301]

Noch heikler ist in diesem Zusammenhang allerdings der Umstand, dass die dargestellten Beschränkungen, sich nicht völlig unbegrenzt aus den frei zugänglichen Quellen des Internets über Bewerber informieren zu dürfen,[302] *verfassungsrechtlich zumindest bedenklich* sind.[303] Der Arbeitgeber könnte hierdurch in seiner grundgesetzlich garantierten Informationsfreiheit aus Art. 5 I 1 GG verletzt sein. Diese gewährleistet nämlich jedermann das Recht, sich aus allgemein zugänglichen Quellen ungehindert zu unterrichten.[304] In diesem Fall kollidiert dieses Arbeitgebergrundrecht jedoch mit dem informationellen Selbstbestimmungsrecht des Bewerbers aus Art. 2 I i.V.m. Art. 1 I GG, so dass diese beiden Rechte gegeneinander abzuwägen sind. Der Arbeitgeber wird stets ein großes Interesse daran haben, eine möglichst umfassende Recherche zu jedem Kandidaten, der in der engeren Auswahl für eine Stelle steht, durchzuführen. Vor dem Hintergrund, dass der Bewerber selbst darüber bestimmen darf, wem er seine Daten offenbart, erscheint es allerdings verhältnismäßig, wenn der Arbeitgeber eine solche Recherche erst vornehmen darf, nachdem er den Bewerber hierüber in Kenntnis gesetzt hat. Zum einen ist diese vom Gesetzgeber gestellte Hürde nicht allzu hoch, so dass die Personaler in der Regel die frei zugänglichen Informationen aus dem Internet und den Sozialen Netzwerken erheben können und zum anderen bleibt einem Personaler immer noch die Möglichkeit der Telefoninterviews sowie der Vorstellungsgespräche, um sich mit deren Hilfe ein umfassendes Bild vom Bewerber machen können. Ungeachtet dessen muss sich der Betroffene die Erhebung von frei zugänglichen Daten aus privaten Netzwerken gefallen lassen, da er über die Möglichkeit verfügt, eine diesbezügliche Veröffentli-

---

[299] Vgl. Körner (2010): Online im Internet, S. 7 f.
[300] Dieselbe Befürchtung hegt auch Oberwetter, NJW 2011, S. 418.
[301] Vgl. Körner (2010): Online im Internet, S. 8.
[302] In Bezug auf die freizeitorientierten Netzwerke gilt dies nur für die Daten, die frei über eine Suchmaschine auffindbar sind.
[303] So auch Lelley/Müller, RDV 2011, S. 60; Novara/Ohrmann, AuA 2011, S. 146.
[304] Vgl. ErfK/Dieterich/Schmidt (2011): Art. 5 GG, Rn. 13; Maunz/Dürig- Herzog (2011): Art. 5 GG, Rn. 81.

chung seiner Daten in seinen Privatsphäreneinstellungen zu verhindern.[305] Wer sein Recht auf informationelle Selbstbestimmung derart aufgibt, kann dessen Schutz im Nachhinein nicht mehr einfordern. Daher ist ein verfassungsrechtlicher Verstoß in diesem Fall zu verneinen.[306]

4.3.3.3 Handlungsempfehlungen und Umsetzungsvorschläge

➢ Damit Unternehmen künftig rechtssicher personenbezogene Daten über ihre Bewerber aus allgemein zugänglichen Quellen erheben können, sollten sie in allen ihren Stellenausschreibungen einen Hinweis hierzu aufnehmen. Eine Beispielformulierung wäre etwa: „Wir weisen darauf hin, dass wir uns über Bewerber auch in allgemein zugänglichen Quellen, wie Zeitungen, Rundfunk und Internet, informieren."[307]

➢ Darüber hinaus ist den Unternehmen nahezulegen, in Bezug auf die verbotene Recherche in freizeitorientierten Sozialen Netzwerken ihre dortigen Aktivitäten unter etwaigen Fantasienamen oder Pseudonymen einzustellen. Damit verstoßen sie nicht mehr nur gegen die AGB der Verwender,[308] sondern künftig auch gegen Gesetzesrecht. Sie sollten sich daher im Rahmen des Background-Checks ausschließlich mit solchen Daten aus diesen Netzwerken begnügen, die sie frei durch Suchmaschinen einsehen können.

➢ Kann sich ein Unternehmen jedoch nicht von dieser Möglichkeit der Datenerhebung lossagen, so sollte es eine Einwilligung des jeweiligen Bewerbers gem. § 32 VI 4 BDSG-E einholen. Dementsprechend bietet es sich an bereits entsprechende Einwilligungsformulare vorzubereiten.

➢ Beachte: Durch ein Einwilligung wird keine universelle Erhebungserlaubnis erteilt. Sie legitimiert lediglich die Datenerhebung bei einem genau bestimmten Dritten und ist inhaltlich durch die Regelungen zum Fragerecht des Arbeitgebers aus den §§ 32 I-V sowie § 32a BDSG-E begrenzt.[309]

---

[305] Vgl. hierzu Kapitel 4.3.3.1.
[306] A.A. jedoch Lelley/Müller, RDV 2011, S. 59 ff.
[307] Vgl. Raif, ArbRAktuell 2010b, S. 617.
[308] Vgl. hierzu Kapitel 4.3.3.1.
[309] Vgl. Entwurf eines Gesetzes zur Regelung des Beschäftigtendatenschutzes vom 15.12.2010, BT-Drs. 17/4230, S. 16.

4.4 Überwachung und Kontrolle der Arbeitnehmer

Durch die technische Entwicklung der letzten Jahrzehnte haben sich die Möglichkeiten des Arbeitgebers, seine Beschäftigten zu überwachen und zu kontrollieren, deutlich erhöht. Welche Auswirkungen dies haben kann, zeigten die unzähligen Überwachungsskandale der letzten Jahre.[310] Es ist daher zu begrüßen, dass sich der Gesetzgeber bei seinem Reformvorhaben auch der besonders konfliktträchtigen Frage der Überwachung und Kontrolle der Arbeitnehmer angenommen hat. Welchen Regelungskomplexen der Gesetzgeber dabei in seinem Entwurf begegnet, steht im Fokus der folgenden Kapitel.

4.4.1 Beschäftigtendatenschutz vs. Compliance

Ein sehr umstrittener Aspekt des Gesetzesentwurfs ist die Handhabung von sog. Compliance-Maßnahmen. Dieser will laut seiner Begründung den Arbeitgebern „verlässliche Grundlagen für die Durchsetzung von Compliance-Anforderungen und den Kampf gegen Korruption an die Hand geben". Gleichzeitig sollen allerdings die Mitarbeiter „wirksam vor Bespitzelungen geschützt" werden.[311] Es liegt folglich in der Natur der Sache, dass es einen Zielkonflikt zwischen dem Arbeitnehmerdatenschutz und dem Compliance-Interesse des Arbeitgebers gibt. Vor diesem Hintergrund ist in diesem Problemfeld eine besonders ausgewogene Balance an den Tag zu legen.

4.4.1.1 Begriffsdefinition und Compliance-Pflicht

Vorab soll zunächst geklärt werden, was unter dem Begriff „Compliance" überhaupt zu verstehen ist. Der Gesetzesentwurf selbst ist frei von jeglicher Definition. Dies bemängelt auch *Körner* in ihrem Gutachten für das HSI, wonach eine fehlende Übersetzung und Definition des Begriffes „als Türöffner für die Erhebung personenbezogener Informationen" diene.[312] Allerdings übersieht sie hierbei, dass der Gesetzeswortlaut zwar keine, die Begründung des Entwurfs aber sehr wohl eine Definition des Compliance-Begriffes bereit hält. So heißt es in der Begründung zum § 32d III BDSG-E: „Compliance bedeutet in diesem Zusammenhang die Einhaltung aller relevanten Gesetze, Verordnungen, Richtlinien und Selbstverpflichtungen durch ein Unternehmen als Ganzes."[313]

---

[310] Vgl. hierzu Kapitel 1.
[311] Entwurf eines Gesetzes zur Regelung des Beschäftigtendatenschutzes vom 15.12.2010, BT-Drs. 17/4230, S. 1.
[312] Körner (2010): Online im Internet, S. 4.
[313] Entwurf eines Gesetzes zur Regelung des Beschäftigtendatenschutzes vom 15.12.2010, BT-Drs. 17/4230, S. 18.

Tatsächlich ist der Begriff weder in der Betriebswirtschaft noch in der Rechtswissenschaft einheitlich definiert.[314] So wird bspw. einerseits von einem „Organisationsmodell mit Prozessen und Systemen, das die Einhaltung von gesetzlichen Bestimmungen, internen Standards sowie die Erfüllung wesentlicher Ansprüche der Stakeholder sicherstellt"[315] gesprochen und andererseits darauf abgestellt, dass sich „die Unternehmen insgesamt gesetzeskonform bzw. rechtmäßig verhalten"[316]. Vergleicht man die gängigen Definitionen mit derjenigen aus der Gesetzesbegründung, so wird deutlich, dass sie im Kern mit diesen übereinstimmt, jedoch grundsätzlich zu kurz greift, denn ihr fehlt der Aspekt der Entwicklung von Prozessen und Strukturen, damit die Einhaltung von etwaigen Regelungen auch gewährleistet werden kann.[317]

Insofern wäre eine Erweiterung der von der Bundesregierung gewählten Definition in der Gesetzesbegründung wünschenswert. Ob eine Begriffsdefinition in den Gesetzeswortlaut hätte aufgenommen werden müssen, darüber lässt sich streiten. Es ist hierbei jedoch nicht zu verkennen, dass dies eindeutig der Transparenz und Rechtssicherheit gedient hätte. Nichtsdestotrotz ist eine Definition in der Begründung des Gesetzesentwurfs besser als gar keine.

Des Weiteren sei an dieser Stelle angeführt, dass der Arbeitgeber sogar gesetzlich dazu verpflichtet ist, das gesetzeskonforme Verhalten ihrer Beschäftigten durch entsprechende Compliance-Maßnahmen zu kontrollieren. So muss er bspw. als börsennotiertes Unternehmen gem. § 91 II AktG geeignete Maßnahmen, insbesondere die Einrichtung eines Überwachungssystems, ergreifen, um damit Risiken, die den Fortbestand der Gesellschaft zu gefährden drohen, erkennen und beseitigen zu können.[318] Als weitere Verpflichtung ist § 33 I 2 Nr.1 WpHG anzuführen, wonach die Einrichtung einer dauerhaften und wirksamen Compliance-Funktion ausdrücklich gefordert wird.[319]

4.4.1.2 Rechtliche Ausgestaltung

Bereits *vor der aktuellen Reform* des Beschäftigtendatenschutzes war es äußerst umstritten, was im Umgang mit Mitarbeiterdaten bei internen Kontrollen erlaubt ist und was

---

[314] Vgl. Körner (2010): Online im Internet, S. 4 m.w.N. zu unterschiedlichen Definitionen; Schmidt/Jakob, DuD 2011, S. 88; Wybitul, BB 2009, S. 1582.
[315] Vgl. Wolf, DStR 2006, S. 1995.
[316] Vgl. Küttner/Griese (2011): Compliance, Rn. 1
[317] Vgl. hierzu Wybitul, BB 2009, S. 1582; Forst, DuD 2010, S. 160; Kort, DB 2011, S. 651.
[318] Vgl. Hölters/Müller-Michaels (2011): § 91 AktG, Rn. 4 ff.; MüKo-AktG/Spindler (2008): § 91 AktG, Rn. 15 ff.
[319] Vgl. Schwark/Zimmer- Fett (2010): § 33 WpHG, Rn. 7.

nicht.[320] Auch an dieser Stelle ist zunächst das Verbot mit Erlaubnisvorbehalt aus § 4 I BDSG heranzuziehen.[321] Danach ist eine Datenverarbeitung nur zulässig, wenn der Betroffene in sie eingewilligt hat oder eine Rechtsvorschrift diese erlaubt.[322] Einer Einwilligungslösung im Compliance-Bereich kommt bei der derzeitigen Rechtslage nur eine geringfügige Bedeutung zu, denn aufgrund der Abhängigkeit im Arbeitsverhältnis mangelt es regelmäßig an der nach § 4a I BDSG geforderten Freiwilligkeit.[323] Es benötigt daher nicht viel Fantasie, um sich vorzustellen, wie ein Arbeitgeber wohl darauf reagieren mag, wenn ein Arbeitnehmer die Einwilligung in die Durchführung von Compliance-Maßnahmen verweigert.

Somit kann eine zulässige Verarbeitung personenbezogener Daten zum Zwecke der Compliance nur auf einer Erlaubnisnorm beruhen. In Betracht kommt hier der jüngst durch die BDSG-Novelle II geschaffene § 32 BDSG. Laut § 32 I 2 BDSG ist die Erhebung, Nutzung oder Verarbeitung zur Aufdeckung von Straftaten nur dann erlaubt, wenn zu dokumentierende tatsächliche Anhaltspunkte vorliegen, dass der Betroffene im Beschäftigungsverhältnis eine Straftat begangen hat. Das Erheben, Nutzen oder Verarbeiten der Daten muss zudem zur Aufdeckung erforderlich (Ultima-Ratio-Grundsatz) und verhältnismäßig sein und es dürfen keine schutzwürdigen Interessen des Beschäftigten überwiegen.[324] Es hat folglich auch eine Interessenabwägung stattzufinden.[325] In Bezug auf eine heimliche Maßnahme geben die Kriterien des BAG zur heimlichen Videoüberwachung den Maßstab vor. So sind nach § 32 I 2 BDSG gegenwärtig verdeckte Datenerhebungen ausnahmsweise in notwehrähnlichen Situationen zur Aufdeckung von Straftaten gestattet.[326]

Fraglich ist, ob auch präventive Kontrollen nach der bisherigen Rechtslage zulässig sind. Nach der Betrachtung des Wortlauts von § 32 I 2 BDSG erscheinen diese nicht erlaubt zu sein, da ausdrücklich „tatsächliche Anhaltspunkte" für die Begründung eines Verdachts gefordert werden, die bei einer Präventionskontrolle gerade nicht gegeben sind.[327] Allerdings ist eine präventive Kontrolle dann ausnahmsweise gestattet, wenn es

---

[320] Vgl. Wybitul, BB 2009, S. 1582.
[321] Vgl. Gola/Wronka (2010): Rn. 852.
[322] Vgl. Brink/Schmidt, MMR 2010, S. 592.
[323] Vgl. Schmidt/Jakob, DuD 2011, S. 89 sowie die Ausführungen zur Freiwilligkeit in Kapitel 4.1.1.
[324] Vgl. ErfK/Wank (2011): § 32 BDSG, Rn. 29 f.; Gola/Schomerus- Gola/Schomerus (2010): § 32 BDSG, Rn. 24 ff.; Keilich/Witteler, AuA 2011, S. 282.
[325] Vgl. de Wolf, NZA 2010, S. 1210; Schmidt/Jakob, DuD 2011, S. 92.
[326] Vgl. BAG Beschl. v. 26.08.2008 (1 ABR 16/07) in: NZA 2008, S. 1187; Gola/Wronka (2010): Rn. 856.
[327] Vgl. de Wolf, NZA 2010, S. 1210; Keilich/Witteler, AuA 2011, S. 282.

darum geht Risikobereiche und Korruptionsmuster zu erkennen. Die Daten sind in diesen Fällen jedoch in anonymisierter Form zu verwenden. Sofern sie „ent-anonymisiert" werden können, ist eine Präventionskontrolle unzulässig.[328] Des Weiteren ist der Einsatz von Compliance-Maßnahmen auf die tatsächlich gefährdeten Bereiche zu beschränken.[329] So wäre eine Maßnahme gegenüber allen Abteilungen eines Unternehmens, obwohl nur ein Beschäftigter einer bestimmten Abteilung unter Verdacht steht, unverhältnismäßig und somit unzulässig.

Die für Compliance-Zwecke relevanten Vorschriften des *neuen Gesetzesentwurfs* sind in den §§ 32c, 32d und 32e BDSG-E zu finden. Wie bereits dargelegt wurde, sehen diese Regelungen die Einwilligung als Rechtfertigungsgrundlage für eine Datenerhebung, oder -verwendung nicht vor, so dass diese Maßnahmen nur erlaubt sind, sofern das Gesetz sie gestattet.[330] Vorbehaltlich der spezielleren §§ 32e bis 32i BDSG-E ist eine Datenerhebung zu Compliance-Zwecken nach § 32c I 2 Nr.3 BDSG-E zulässig, sofern sie für den Arbeitgeber erforderlich ist, um die gegenüber dem Beschäftigten bestehenden Rechte einschließlich der Leistungs- und Verhaltenskontrolle wahrzunehmen. Eine Einschränkung dieser Befugnis erfährt der Arbeitgeber aber durch den Verhältnismäßigkeitsgrundsatz, wie § 32c IV BDSG-E ausführt. Die Erhebung ist also auf das erforderliche Maß zu beschränken, da sie zur Erfüllung des festgelegten Zwecks geeignet und erforderlich sein und in einem angemessenen Verhältnis zu den Rechten der Beschäftigten stehen muss.[331] Da § 32e BDSG-E allerdings die für die Compliance relevantere Norm darstellt,[332] wird der Fokus im Folgenden auf dieser Regelung liegen.

In § 32e I BDSG-E wird zunächst der Grundsatz aufgestellt, dass etwaige Beschäftigtendaten zur Aufdeckung und Verhinderung von Straftaten und anderen schwerwiegenden Pflichtverletzungen im Beschäftigungsverhältnis nur mit Kenntnis des Beschäftigten erhoben werden dürfen.[333] Es ist also grundsätzlich nur eine offene Erhebung von Beschäftigtendaten zulässig. Ausnahmefälle, in denen Daten auch ohne Kenntnis des Beschäftigten erhoben werden dürfen, enthält § 32e II BDSG-E. Danach ist eine ver-

---

[328] Vgl. Gola/Schomerus- Gola/Schomerus (2010): § 32 BDSG, Rn. 24; Keilich/Witteler, AuA 2011, S. 282.
[329] Vgl. Keilich/Witteler, AuA 2011, S. 282.
[330] Vgl. hierzu Kapitel 4.1.1.
[331] Vgl. Entwurf eines Gesetzes zur Regelung des Beschäftigtendatenschutzes vom 15.12.2010, BT-Drs. 17/4230, S. 16 f.; Schmidt/Jakob, DuD 2011, S. 90.
[332] Vgl. Entwurf eines Gesetzes zur Regelung des Beschäftigtendatenschutzes vom 15.12.2010, BT-Drs. 17/4230, S. 17.
[333] Vgl. Entwurf eines Gesetzes zur Regelung des Beschäftigtendatenschutzes vom 15.12.2010, BT-Drs. 17/4230, S. 18; Tinnefeld/Petri/Brink, MMR 2010, S. 731; Schmidt/Jakob, DuD 2011, S. 90.

deckte Erhebung erlaubt, wenn Tatsachen den Verdacht begründen, dass der Beschäftigte eine Straftat oder eine andere schwerwiegende Pflichtverletzungen im Beschäftigungsverhältnis begangen hat (§ 32e II Nr.1 BDSG-E). Unter schwerwiegenden Pflichtverletzungen im Sinne dieser Regelung sind solche zu verstehen, die den Arbeitgeber zu einer Kündigung aus wichtigem Grund gem. § 626 BGB berechtigen würden.[334] Der Gesetzgeber vereinfacht hierbei also die Rechtsfindung, indem er an die bereits bestehenden Grundsätze des § 626 BGB anknüpft. Ferner muss die Datenerhebung erforderlich[335] sein, um die Pflichtverletzung oder Straftat aufzudecken oder weitere damit korrelierende Straftaten oder schwerwiegende Pflichtverletzungen zu verhindern (§ 32e II Nr.2 BDSG-E).

Auch nach dem neuen Gesetzesentwurf stellt sich die Frage, ob Präventivmaßnahmen nunmehr gestattet sein werden. Diesbezüglich erscheint die beabsichtigte Neuregelung auf den ersten Blick etwas verzwickt, denn wie bereits ausgeführt, setzt jede Datenerhebung laut § 32e II Nr.1 BDSG-E voraus, dass Tatsachen den Verdacht begründen, dass eine Straftat respektive eine schwerwiegende Pflichtverletzung bereits begangen worden ist. Dadurch werden präventive Maßnahmen zwar nicht verboten, allerdings nur in solchen Fällen gestattet, in denen eine Straftat oder schwerwiegende Pflichtverletzungen bereits vorliegt und eine etwaige Datenerhebung mit dieser gem. § 32e II Nr.2 BDSG-E auch im Zusammenhang steht.[336]

Unbeantwortet bleibt im Gesetzeswortlaut auch die Frage, wie bei einem Verdacht gegenüber einer Gruppe von Beschäftigten zu verfahren ist. Zwar ergibt sich bei einer genauen Betrachtung des Wortlauts des zweiten Absatzes, dass sich der Verdacht nur auf den einzelnen Beschäftigten beziehen muss, jedoch führt der Gesetzgeber in der Begründung aus, dass sich dieser auch gegen eine Gruppe von Beschäftigten richten kann.[337] Dessen ungeachtet legitimiert § 32e II BDSG-E keine wahllose Ausweitung der Datenerhebung auf die gesamte Belegschaft, da der Umfang der Erhebung getreu des

---

[334] Vgl. Schmidt/Jakob, DuD 2011, S. 90.
[335] Zur Verhinderung kann eine Datenerhebung laut Gesetzesbegründung erforderlich sein, um damit systematische Strukturen, auf deren Grundlage breit angelegte Korruption betrieben bzw. abgewickelt wird, aufzubrechen und damit diesen Weg für weitere Taten zu versperren, vgl. Entwurf eines Gesetzes zur Regelung des Beschäftigtendatenschutzes vom 15.12.2010, BT-Drs. 17/4230, S. 18.
[336] Vgl. Kort, DB 2011, S. 653; Beckschulze/Natzel, BB 2010, S. 2372.
[337] Vgl. Entwurf eines Gesetzes zur Regelung des Beschäftigtendatenschutzes vom 15.12.2010, BT-Drs. 17/4230, S. 18; Heinson, BB 2010, S. 3087; Tamm, PersV 2011, S. 53.

Grundsatzes der Datensparsamkeit und der Verhältnismäßigkeit auf eine möglichst kleine Gruppe zu begrenzen ist.[338]

Daneben hat der Gesetzgeber in den §§ 32e III, IV BDSG-E gewisse Grenzen definiert, um eine grenzenlose verdeckte Datenerhebung zu Compliance-Zwecken von vornherein einzudämmen. So muss diese auch nach dem neuen Entwurf bezüglich Art und Ausmaß im Hinblick auf den Anlass verhältnismäßig sein. Die Normierung dieses Grundsatzes findet sich in § 32e III BDSG-E wieder. Sie ist demnach ausschließlich dann gestattet, wenn eine anderweitige Erforschung des Sachverhalts erschwert oder weniger Erfolg versprechend wäre. Des Weiteren ist die Maßnahme abzubrechen, wenn das beabsichtigte Ziel nicht mehr zu erreichen ist oder zu unterbrechen, wenn der Zweck vorübergehend nicht erreicht werden kann. Die Dauer der Maßnahme ist zudem auf das unbedingt notwendige Maß zu beschränken.[339] Eine genaue Beschränkung dieses zeitlichen Ausmaßes wird in § 32e IV Nr.1 BDSG-E normiert, wonach diese unzulässig sind, wenn sie planmäßig angelegt und länger als 24 Stunden ununterbrochen oder an mehr als vier Tagen stattfinden sollen.[340]

Angestoßen durch die Überwachungsskandale, in denen Überwachungsaufträge teilweise mündlich vergeben wurden und nur mit großem Aufwand rekonstruiert werden konnten, hat der Gesetzgeber in § 32e V BDSG-E Dokumentationspflichten des Arbeitgebers implementiert.[341] Danach hat er gem. § 32e V 2 BDSG-E die den Verdacht begründenden Tatsachen vor der Datenerhebung und gem. § 32e V 3 BDSG-E die näheren Umstände der Datenerhebung unverzüglich nach der Erhebung zu dokumentieren. Weiterhin ist ebenfalls eine Unterrichtungspflicht eingeführt worden, nach der Beschäftigte über die Erhebung zu informieren sind, sobald der Compliance-Zweck hierdurch nicht mehr gefährdet wird.[342]

Soweit die Daten von Beschäftigten entsprechend der vorstehenden Ausführungen zulässig erhoben worden sind, können diese unter den Voraussetzungen des § 32d BDSG-E vom Dienstherrn verarbeitet und genutzt werden. Zwar ist eine Datenverarbeitung und

---

[338] So im Ergebnis auch Schmidt/Jakob, DuD 2011, S. 90; Heinson, BB 2010, S. 3087; Heinson/Sorup/Wybitul, CR 2010, S. 755; Tinnefeld/Petri/Brink, MMR 2010, S. 731.

[339] Vgl. Entwurf eines Gesetzes zur Regelung des Beschäftigtendatenschutzes vom 15.12.2010, BT-Drs. 17/4230, S. 18 f.; Schmidt/Jakob, DuD 2011, S. 90 f.

[340] Vgl. Schmidt/Jakob, DuD 2011, S. 91; Beckschulze/Natzel, BB 2010, S. 2372; Tamm, PersV 2011, S. 53.

[341] Vgl. Tamm, PersV 2011, S. 53; Tinnefeld/Petri/Brink, MMR 2010, S. 731.

[342] Vgl. Entwurf eines Gesetzes zur Regelung des Beschäftigtendatenschutzes vom 15.12.2010, BT-Drs. 17/4230, S. 19; Tinnefeld/Petri/Brink, MMR 2010, S. 731 f.

-nutzung zu Compliance-Zwecken grundsätzlich auch nach den §§ 32d I, II BDSG-E möglich, allerdings ist die Vorschrift des § 32d III BDSG-E in seinem Anwendungsbereich spezieller und geht diesen Regelungen damit vor. Dort wird der automatisierte Abgleich von Beschäftigtendaten mit vom Arbeitgeber geführten Dateien (sog. „Rasterfahndungen" oder „Datenscreenings") nun erstmals gesetzlich normiert. Ein solcher Abgleich soll zukünftig zur Aufdeckung von Straftaten oder anderen schwerwiegenden Pflichtverletzungen zulässig sein, sofern er anonymisiert oder pseudonymisiert (Satz 1) sowie ausreichend dokumentiert (Satz 3) erfolgt ist und die Mitarbeiter über den Inhalt, Umfang und Zweck des Abgleichs unterrichtet worden sind, sobald dessen Zweck nicht mehr gefährdet wird (Satz 4).[343] Erst wenn sich bei diesem Vorgang ein Verdachtsfall ergibt, dürfen die Daten im Anschluss personalisiert werden (Satz 2).[344] Erforderlich ist darüber hinaus, dass die Straftat oder Pflichtverletzung im Zusammenhang mit dem Beschäftigungsverhältnis begangen wurde.[345] Aus diesen Voraussetzungen folgt damit auch die Zulässigkeit von präventiven Compliance-Maßnahmen, sofern diese zur Aufdeckung der eben genannten Taten herangezogen werden sollen.[346] Nicht explizit normiert ist allerdings, ob eine Kontrolle auch auf eine größere Gruppe oder gar die gesamte Belegschaft gerichtet sein kann. Aus dem Wortlaut der Vorschrift („Beschäftigte") lässt sich schließen, dass eine solche Ausweitung der Kontrolle wohl zulässig sein wird. Dies ist zumindest im Hinblick auf die Wertung des § 32e II BDSG-E konsequent, nach der ein Verdacht gegen eine größere Gruppe hinreichend für eine verdeckte Datenerhebung sein kann.[347]

Der Gesetzgeber benennt zudem in § 32d III 1 BDSG-E einige Tatbestände (§§ 266, 299, 331-334 StGB)[348], bei deren Vorliegen ein automatisierter Abgleich stets als zulässig zu erachten ist. Durch diese Auflistung macht er gleichzeitig deutlich, dass diese Regelung als Rechtsgrundlage für die Korruptionsbekämpfung und Durchsetzung von

---

[343] Vgl. Schneider, NZG 2010, S. 1206; Forst, NZA 2010b, S. 1046 f.; Körner (2010): Online im Internet, S. 12; Kort, DB 2011, S. 654.

[344] Vgl. Forst, NZA 2010b, S. 1046 f.; Künzel, AuA 2011, S. 210; Keilich/Witteler, AuA 2011, S. 282

[345] Vgl. Entwurf eines Gesetzes zur Regelung des Beschäftigtendatenschutzes vom 15.12.2010, BT-Drs. 17/4230, S. 18; Schmidt/Jakob, DuD 2011, S. 91.

[346] Vgl. Schneider, NZG 2010, S. 1206; wohl auch Beckschulze/Natzel, BB 2010, S. 2372.

[347] Vgl. Entwurf eines Gesetzes zur Regelung des Beschäftigtendatenschutzes vom 15.12.2010, BT-Drs. 17/4230, S. 18; so im Ergebnis auch Schmidt/Jakob, DuD 2011, S. 91.

[348] § 266 StGB – Untreue, § 299 StGB – Bestechlichkeit und Bestechung im geschäftlichen Verkehr, § 331 StGB – Vorteilsannahme, § 332 StGB – Bestechlichkeit, § 333 StGB – Vorteilsgewährung, § 334 StGB – Bestechung.

Compliance-Anforderungen dienen soll.[349] Die Aufzählung der einzelnen Tatbestände ist jedoch keinesfalls als abschließend zu werten, durch diese Regelbeispiele soll lediglich die erforderliche Intensität sowohl der schwerwiegenden Pflichtverletzungen als auch der Straftaten indiziert werden.[350] Daneben enthält der Regierungsentwurf allerdings keine definierte Anlassbeschreibung, Verdachtsschwelle oder zeitliche Begrenzung, dies gibt berechtigten Grund zur Annahme, dass automatisierte Abgleiche unter den genannten Voraussetzungen nunmehr anlasslos und dauerhaft erlaubt sind.[351]

4.4.1.3 Bewertung

Im Spagat zwischen Compliance und Persönlichkeitsschutz ist es äußerst diffizil ausgewogene und praxisgerechte Lösungen zu finden. Hervorzuheben ist vorab, dass sich der Gesetzgeber dieser recht konfliktträchtigen Materie überhaupt angenommen hat. Nichtsdestoweniger hat er in seinem Gesetzesentwurf versprochen, den Unternehmen verlässliche Grundlagen für die Durchsetzung von Compliance-Anforderungen, bei gleichzeitigem wirksamen Schutz der Beschäftigten vor Bespitzelungen, an die Hand zu geben.[352] Diesem Ziel wird der Regierungsentwurf jedoch nicht in vollem Umfang gerecht, denn es gibt einige kritische Aspekte, die im Folgenden näher erläutert werden sollen.

Zunächst sei angeführt, dass die neue Regelung des § 32d III BDSG-E dem Arbeitgeber einen *automatisierten Abgleich von Beschäftigtendaten anlasslos und verdachtsfrei* ermöglicht. Dies ist nicht etwa eine Regelungslücke, sondern von der Bundesregierung entsprechend ihrer Gegenäußerung auf die Bedenken des Bundesrates auch genau so beabsichtigt.[353] Allerdings ist die Gefahr des Missbrauchs solcher Maßnahmen damit enorm, denn die Unternehmen können nach derzeitigem Stand selbst darüber entscheiden, wann ein solcher Abgleich nötig ist und wann nicht.[354] Der Gesetzgeber überlässt damit die nähere Ausgestaltung, was überhaupt geschützt sein soll, offensichtlich den Gerichten, weshalb es vornehmlich zur Aufgabe der Beschäftigten werden wird, sich

---

[349] Vgl. Entwurf eines Gesetzes zur Regelung des Beschäftigtendatenschutzes vom 15.12.2010, BT-Drs. 17/4230, S. 18.
[350] Vgl. Raif/Rasmussen-Bonne, GWR 2011, S. 80; Forst, NZA 2010b, S. 1046 f.; Wybitul, BB 2010, S. 1088.
[351] Vgl. Tinnefeld/Petri/Brink, MMR 2010, S. 731; Hornung (2011): Online im Internet, S. 11.
[352] Vgl. Entwurf eines Gesetzes zur Regelung des Beschäftigtendatenschutzes vom 15.12.2010, BT-Drs. 17/4230, S. 1.
[353] Vgl. Entwurf eines Gesetzes zur Regelung des Beschäftigtendatenschutzes vom 15.12.2010, BT-Drs. 17/4230, S. 40.
[354] So auch die Befürchtung des Bundesrates, vgl. Entwurf eines Gesetzes zur Regelung des Beschäftigtendatenschutzes vom 15.12.2010, BT-Drs. 17/4230, S. 32.

ihren Schutz künftig einzuklagen, natürlich verbunden mit dem entsprechenden Risiko von hohen Prozesskosten. Es stellt sich hierbei bereits grundlegend die Frage, ob eine solche Kontrolle der gesamten Belegschaft, nur um Pflichtverletzungen oder Straftaten einzelner Personen zu überführen, ohne jeglichen Tatverdacht überhaupt verhältnismäßig sein kann. Die Beschäftigten würden hierdurch einem Generalverdacht sowie einem ständigen Überwachungsdruck ausgesetzt, was weder mit dem Recht auf informationelle Selbstbestimmung noch mit dem Schutz vor einer Vollüberwachung vereinbar ist.[355] Daneben verstößt diese Vorschrift ebenfalls gegen das Gebot der Datensparsamkeit sowie den Erforderlichkeitsgrundsatz.[356] Daher ist es insbesondere vor dem Hintergrund, dass gerade derartige Datenscreenings, wie sie bspw. bei der Deutschen Bahn eingesetzt wurden, einer der Auslöser für die Reformierung des Beschäftigtendatenschutzes darstellten, mehr als erstaunlich, dass diese nunmehr legitimiert werden sollen. Die geplante Regelung dient damit in ihrer jetzigen Ausgestaltung mehr der Beweiserforschung, als der Beweiserhebung. Der Arbeitgeber nimmt somit quasi die Rolle einer Art Ersatz-Staatsanwaltschaft ein, hierbei wird allerdings vergessen, dass für die Verfolgung von Straftaten nach wie vor der Staat und nicht die Unternehmen selbst zuständig sind.[357] Damit wird den Unternehmen zwar eine verlässliche Grundlage zur Durchsetzung der Compliance an die Hand gegeben, dies geschieht in diesem Fall jedoch deutlich auf Kosten des Schutzes der Beschäftigten. Es erscheint somit viel sachgerechter, wenn zur Verhinderung eines flächendeckenden Screenings ein solches Verfahren nur bei Vorliegen von tatsächlichen Anhaltspunkten für eine Straftat oder schwerwiegende Pflichtverletzung zulässig ist. Außerdem sollte auch in dieser Vorschrift die Erforderlichkeit des Verfahrens zur Aufdeckung gefordert sein.

Sind *heimliche Datenerhebungen* bisher nur ausnahmsweise zur Aufdeckung von Straftaten gestattet gewesen, so soll der Anwendungsbereich nunmehr auf sonstige arbeitsvertragliche Pflichtverletzungen erweitert werden, die zu einer Kündigung aus wichtigem Grund gem. § 626 BGB berechtigen. Damit sind verdeckte Maßnahmen zukünftig auch bei Pflichtverletzungen erlaubt, die dem Arbeitgeber zwar keinen nennenswerten Schaden zugefügt haben, aber dennoch eine Kündigung rechtfertigen, wie dies bspw.

---

[355] Vgl. BVerfG Urt. v. 15.12.1983 (1 BvR 209/83) in: NJW 1984, S. 419; BAG Beschl. v. 26.08.2008 (1 ABR 16/07) in: NZA 2008, S. 1187; Raif/Rasmussen-Bonne, GWR 2011, S. 80; Kock/Francke, NZA 2009, S. 648; Schmidt/Jakob, DuD 2011, S. 92 f.
[356] Vgl. hierzu Kapitel 3.2.1.
[357] So auch Körner (2010): Online im Internet, S. 12; Tinnefeld/Petri/Brink, MMR 2010, S. 731.

bei der bekannten „Maultaschenaffäre" der Fall war.[358] Ein solcher Anwendungsbereich wäre viel zu weit gefasst, daher sollte der Gesetzgeber die Erhebungsbefugnisse auf Straftaten und diejenigen Pflichtverletzungen begrenzen, die auch einen erheblichen Schaden nach sich ziehen können.

Wurden durch die verdachtslosen Screenings und der Reichweite der heimlichen Über-wachungen noch die Rechte des Arbeitgebers gestärkt und die Rechte des Arbeitneh-mers beschnitten, so verhält es sich bei der *Präventionskontrolle* genau andersherum. Denn nach der Neuregelung des § 32e II BDSG-E sind dem Arbeitgeber nunmehr keine Datenerhebungen zu Präventionszwecken gestattet, da deren datenschutzrechtliche Zu-lässigkeit künftig eine Ersttat oder zumindest den konkret belegten Verdacht, dass die Ersttat bereits begangen worden ist, voraussetzt. Zwar kann hiermit weiteren Straftaten oder Pflichtverletzungen präventiv begegnet werden, aber eine Prävention im eigentli-chen Sinne ist damit aber nicht mehr möglich. Eine verdeckte Datenerhebung zu Zwe-cken der Compliance würde folglich nur noch rein repressiv zur Überführung des Täters dienen. Es ist mehr als fraglich, ob dies mit den Grundrechten des Arbeitgebers, sein Eigentum vor etwaigen Gefährdungen schützen zu dürfen, überhaupt zu vereinbaren ist. Es wäre daher wünschenswert, wenn der Gesetzgeber die Möglichkeit von Präventiv-maßnahmen unter entsprechenden Voraussetzungen gestattet, damit die Arbeitgeber-grundrechte gewahrt werden und dieser seinen Compliance-Pflichten angemessen nach-gehen kann.

Zu loben ist jedenfalls die *Erweiterung der Dokumentationspflichten* des Arbeitgebers. Bereits vor der Reform war er gem. § 32 I 2 BDSG zur Dokumentation der den Ver-dacht begründeten Anhaltspunkte verpflichtet. Durch die Erweiterung hat er künftig auch zu dokumentieren, warum er eine Datenerhebung oder -verwendung vorgenom-men hat (§§ 32d III 3, 32e V 3 BDSG-E). Dies hat die positive Folge, dass hierdurch eine nachträgliche Rechtmäßigkeitskontrolle der Compliance-Maßnahmen ermöglicht wird. Auch die *Schaffung der neuen Unterrichtungspflichten* (§§ 32d III 4, 32e V 5 BDSG-E) ist zur Wahrung der Transparenz zunächst zu begrüßen. Allerdings sind hier-bei enorme Vollzugsdefizite zu erwarten, denn wie soll ein Beschäftigter die Einhaltung dieser Pflicht kontrollieren, wenn er gar nicht weiß, dass eine Screening-Maßnahme überhaupt stattgefunden hat? Um diesen Umstand zu begegnen, empfiehlt es sich daher

---

[358] Vgl. ArbG Lörrach Urt. v. 16.10.2009 (4 Ca 248/09) in: RDG 2010, S. 64.

ein Verwertungsverbot für die Ergebnisse einer rechtswidrigen verdeckten Datenerhebung aufzunehmen, wie sie bspw. gegenwärtig schon für das rechtswidrige Abhören von Telefongesprächen existiert.[359]

Ein Screening-Verfahren hat gem. § 32d III 1 BDSG-E zudem in *anonymisierter oder pseudonymisierter Form* zu erfolgen. Bei einem Verdachtsfall dürfen die Daten nach § 32d III 2 BDSG-E jedoch wieder personalisiert werden. Dies offenbart eine Regelungsschwäche dieses Absatzes, denn gem. § 3 VI BDSG sind Daten nur anonym, wenn sie einer natürlichen Person nicht mehr oder nur mit einem unverhältnismäßig großen Aufwand zugeordnet werden können. Daher ist eine einfache Repersonalisierung von anonymisierten Daten für die Unternehmen schon aufgrund der Begriffsdefinition gar nicht möglich. Es wird sich somit regelmäßig nur um eine pseudonyme Datenverarbeitung handeln.[360] Um hierbei die Datensammelwut der Arbeitgeber einzudämmen, würde es sich anbieten, dass die Auswertung der Daten in die Hände neutraler Dritter gelegt wird und nur konkrete Verdachtsfälle wieder in den Verantwortungsbereich der Arbeitgeber gelangen.[361]

Zu kritisieren ist an dieser Stelle ferner, dass der Gesetzgeber weder im Gesetzestext noch in der Begründung genau festlegt, *wann ein Verdachtsfall für ein Datenscreening vorliegt* und wann nicht. Bisher wird diese Entscheidung allein dem Arbeitgeber überlassen. Durch diese Gesetzeslücke wird dem Datenmissbrauch Tür und Tor geöffnet und eine eigentlich gut gemeinte Regelung damit in ihr Gegenteil verkehrt. Der Gesetzgeber sollte daher eine diesbezügliche Klarstellung vornehmen. Eine Möglichkeit wäre die Schaffung einer innerbetrieblichen Kontrollinstanz, z.B. mit der Beteiligung des Betriebsrats sowie des betrieblichen Datenschutzbeauftragten, die über das Vorliegen potenzieller Verdachtsfälle entscheiden.

Abschließend lässt sich festhalten, dass die neuen Vorschriften zur Compliance zwar einige Klarstellungen zur bisher ungeklärten Rechtslage bereithalten und auch einige durchaus lobenswerte Ansätze verfolgen, sie jedoch im Ergebnis eher zu einer Verbesserung der Datenschutzrechtslage für den Arbeitgeber als für die Beschäftigten führen.

---

[359] Vgl. BAG Urt. v. 23.04.2009 (6 AZR 189/08) in: NZA 2010, S. 104 ff.; Tinnefeld/Petri/Brink, MMR 2010, S. 732; Lunk, NZA 2009, S. 457 ff.

[360] So im Ergebnis auch Brink/Schmidt, MMR 2010, S. 594; Heinson/Sorup/Wybitul, CR 2010, S. 755; Schuler, DuD 2011, S. 127.

[361] In diese Richtung gehen auch Heinson/Sorup/Wybitul, CR 2010, S. 755.

4.4.1.4 Handlungsempfehlungen und Umsetzungsvorschläge

➢ Um sich vor etwaigen Sanktionen zu schützen, sollten die Unternehmen ihre bisherigen verdeckten Datenerhebungen dahingehend prüfen, ob sie den Voraussetzungen des neuen § 32e II BDSG-E entsprechen und diese notfalls durch entsprechende Änderungen mit den Neuregelungen in Einklang gebracht werden können. Dabei sind insbesondere die Beschränkungen zum zeitlichen Ausmaß in § 32e IV Nr.1 BDSG-E zu beachten. Insgesamt ist ein Einsatz der heimlichen Datenerhebung aber nur für derartige Pflichtverletzungen zu empfehlen, die dem Arbeitgeber auch einen entsprechenden Schaden zugefügt haben.

➢ Des Weiteren müssen etwaige präventive Datenerhebungen, die keinen Bezug zu bereits begangenen Straftaten aufweisen, eingestellt werden, da sie künftig unzulässig sind.

➢ Zwar sind anlasslose und verdachtsfreie Datenscreenings nach dem Gesetzesentwurf grundsätzlich gestattet, diese sollten in der Praxis jedoch nicht willkürlich und ausufernd vorbereitet bzw. eingesetzt werden. Es ist eher anzuraten, auf mögliche Beschränkungen des Gesetzgebers oder der Rechtsprechung zu warten, ob diese zweifelhafte Regelung auch in Zukunft Bestand haben wird.

➢ In Bezug auf die Klassifizierung potenzieller Verdachtsfälle sollten zur datenschutzrechtlichen Absicherung einer Screening-Maßnahme innerbetriebliche Kontrollinstanzen im Unternehmen installiert werden.

➢ Zur Wahrung der erweiterten Dokumentationspflichten bietet es sich ferner an, bereits im Vorfeld entsprechende Vorlagen auszuarbeiten, mit deren Hilfe eine rechtssichere Dokumentation der Datenerhebung, -verarbeitung oder -nutzung zu Compliance-Zwecken gewährleistet werden kann. Daneben sollten aus Gründen der Arbeitserleichterung ebenfalls Musterschreiben angefertigt werden, um den neu geschaffenen Unterrichtungspflichten entsprechend begegnen zu können.

4.4.2 Videoüberwachung

Eines der klassischen Überwachungsinstrumente ist die Videoüberwachung. Vor allem durch den technischen Fortschritt in der modernen Kameratechnik gehört sie mittlerweile an vielen Arbeitsplätzen zum beruflichen Alltag. Durch diese zunehmende Verbreitung der Videokameras steigt allerdings auch die Gefahr einer unzulässigen Überwachung der Beschäftigten bspw. zum Zweck der Kontrolle von Arbeitsabläufen oder

66

der Leistungsfähigkeit der Belegschaft. Dank der jüngsten Skandale, in denen z.B. Lidl ihre Beschäftigten mehrere Monate durch Miniaturkameras überwachen ließ,[362] findet dieses Thema inzwischen auch in der Öffentlichkeit zunehmend Beachtung.[363] Dies war nicht zuletzt einer der Gründe, weshalb die Bundesregierung in ihrem Reformvorhaben auch die Videoüberwachung gesetzlich regeln wollte. Dabei wurde sich jedoch in § 32f BDSG-E nur auf die Videoüberwachung in nicht öffentlich zugänglichen Bereichen eines Betriebes fokussiert. Darunter fallen solche Bereiche, die nach dem erkennbaren Willen des Berechtigten nicht von jeder Person betreten oder genutzt werden können.[364] Dies werden z.B. Produktionsstätten oder Büros sein, die nicht für den Kundenverkehr bestimmt sind. Für öffentlich zugängliche Bereiche gilt laut der Gesetzesbegründung weiterhin § 6b BDSG als einschlägige Vorschrift, weshalb dieser Aspekt in diesem Buch nicht näher behandelt wird.[365]

Jedoch ist nicht jede Videoüberwachung, die Beschäftigtenrechte tangiert, als unzulässig anzusehen, da Arbeitgeber ein berechtigtes Interesse an deren Einsatz haben können.[366] Mit den Neuregelungen beabsichtigt die Bundesregierung daher eine gesetzliche Grundlage zu schaffen, die der „Wahrung des allgemeinen Persönlichkeitsrechts des Beschäftigten und dem Recht am eigenen Bild im Verhältnis zum Arbeitgeberinteresse Rechnung trägt".[367] Ob ihr dies gelingt, wird im Folgenden untersucht.

4.4.2.1 Rechtliche Ausgestaltung

Die Überwachung von nicht öffentlich zugänglichen Arbeitsplätzen ist *gegenwärtig* zwar nicht ausdrücklich im Gesetz geregelt, gleichwohl spielt sich eine Videoüberwachung nicht im rechtsfreien Raum ab. So richtet sich die Zulässigkeit einer Überwachung seit dem 01.09.2009 vorrangig nach § 32 I BDSG.[368] Zu unterscheiden ist dabei allerdings der Zweck der Überwachungsmaßnahme, denn dient diese bspw. der (Leistungs-)Kontrolle der Arbeitnehmer, so ist § 32 I 1 BDSG einschlägig. Ist sie dagegen

---

[362] Vgl. Lill (2008): Online im Internet.

[363] Vgl. Seifert, DuD 2011, S. 98.

[364] Vgl. Entwurf eines Gesetzes zur Regelung des Beschäftigtendatenschutzes vom 15.12.2010, BT-Drs. 17/4230, S. 19.

[365] Vgl. Entwurf eines Gesetzes zur Regelung des Beschäftigtendatenschutzes vom 15.12.2010, BT-Drs. 17/4230, S. 19; Keilich/Witteler, AuA 2011, S. 281; für nähere Informationen zu § 6b BDSG vgl. Gola/Schomerus- Gola/Schomerus (2010): § 6b BDSG, Rn. 1 ff.

[366] So etwa das Recht auf Eigentum (Art. 14 GG) oder auf freie unternehmerische Betätigung (Art. 12 GG).

[367] Entwurf eines Gesetzes zur Regelung des Beschäftigtendatenschutzes vom 15.12.2010, BT-Drs. 17/4230, S. 19.

[368] Vgl. Byers/Vietmeyer, DB 2010, S. 1462; Gola/Wronka (2010): Rn. 820; Roßnagel, NJW 2009, S. 2721; für die Zeit vor dem 01.09.2009 vgl. Maties, NJW 2008, S. 2219.

eher für die Aufklärung von Straftaten notwendig, muss auf § 32 I 2 BDSG zurückgegriffen werden. Gemeinsam ist diesen Vorschriften jedoch, dass in beiden Fällen eine am Verhältnismäßigkeitsprinzip und der Interessenabwägung ausgerichtete Einzelfallentscheidung vorzunehmen ist.[369] Da durch die Schaffung des jetzigen § 32 BDSG lediglich die bereits vorhandenen Grundsätze zum Beschäftigtendatenschutz übernommen werden sollten,[370] ist bei der Interessenabwägung auf die Grundsätze zurückzugreifen, die die Rechtsprechung bisher festgeschrieben hat. Somit bedarf es einer Gesamtabwägung der Intensität des Eingriffs und des Gewichts der diesen rechtfertigen Gründe; allerdings darf dabei die Grenze der Zumutbarkeit nicht überschritten werden.[371] Diese Abwägung kann allerdings nicht abstrakt erfolgen, da die Grundrechte keiner Hierarchie unterliegen, vielmehr sind die Gesamtumstände zu berücksichtigen.[372] Für die Schwere des Eingriffs sind vom BAG im Laufe der Zeit einige Kriterien herausgearbeitet worden, wie z.B.:

- Wie viele Personen sind mit welcher Intensität betroffen?
- Bleiben die Mitarbeiter anonym?
- Wie ist die Art und Dauer der Maßnahme ausgestaltet?[373]

Des Weiteren ist eine heimliche Überwachung derzeit nur zulässig, wenn ihr der konkrete Verdacht einer strafbaren Handlung oder einer anderen schweren Verfehlung zugrunde liegt, sie die Ultima Ratio und insgesamt nicht unverhältnismäßig ist.[374] Zu Präventionszwecken ist eine verdeckte Videoüberwachung gestattet, wenn es sich dabei um geschäftstypische Straftaten, wie z.B. Überfälle auf eine Bankfiliale, handelt und die Notwendigkeit der Überwachung vorab durch konkrete Anhaltspunkte und Verdachtsmomente belegt ist.[375]

Nach der geplanten Neuregelung des § 32f I 1 BDSG-E setzt die Rechtfertigung einer Videoüberwachung zunächst voraus, dass sie gewissen betrieblichen Zwecken dient. Hierzu hat der Gesetzgeber, genauso wie in § 6b BDSG, einen abschließenden Katalog

---

[369] Vgl. Gola/Schomerus- Gola/Schomerus (2010): § 32 BDSG, Rn. 19, 27; Beckschulze/Natzel, BB 2010, S. 2373.
[370] Vgl. hierzu Kapitel 2.2.
[371] Vgl. BAG Beschl. v. 26.08.2008 (1 ABR 16/07) in: NZA 2008, S. 1190.
[372] Vgl. BAG Beschl. v. 29.06.2004 (1 ABR 21/03) in: NJW 2005, S. 315; weiter vertiefend Besgen/Prinz (2009): § 5, Rn. 15 ff.
[373] Vgl. BAG Beschl. v. 26.08.2008 (1 ABR 16/07) in: NZA 2008, S. 1190 f.; BAG Beschl. v. 29.06.2004 (1 ABR 21/03) in: NJW 2005, S. 315; vertiefend Gola/Wronka (2010): Rn. 825 ff.
[374] Vgl. BAG Urt. v. 27.03.2003 (2 AZR 51/02) in: NZA 2003, S. 1195; Maties, NJW 2008, S. 2220; Keilich/Witteler, AuA 2011, S. 280 f.; Raif, ArbRAktuell 2010a, S. 359.
[375] Vgl. Gola/Wronka (2010): Rn. 828 f.; Bayreuther, NZA 2005, S. 1039.

zulässiger Erhebungszwecke ausgearbeitet. So ist eine Überwachung mittels Videokamera nur zulässig:

- zur Zutrittskontrolle,
- zur Wahrnehmung des Hausrechts,
- zum Schutz des Eigentums (von Arbeitgeber, Beschäftigten und Dritten),
- zur Sicherheit des Mitarbeiters,
- zur Sicherung von Anlagen,
- zur Abwehr von Gefahren für die Sicherheit des Betriebs sowie
- zur Qualitätskontrolle.[376]

Daneben muss sie nach § 32f I 1 BDSG-E zur Wahrung wichtiger betrieblicher Interessen erforderlich sein.[377] Dies ist dann der Fall, wenn nur eine Videoüberwachung geeignet ist und kein anderes gleich wirksames, milderes Mittel existiert, um die Interessen
des Arbeitgebers wahren zu können.[378] Ferner dürfen gem. § 32f I 1 BDSG-E keine
Anhaltspunkte dafür bestehen, dass schutzwürdige Interessen der Betroffenen einer Datenerhebung entgegenstehen.[379] Daraus resultiert, dass eine Einzelfallabwägung zwischen den Arbeitgeber- und den schutzwürdigen Betroffeneninteressen vorzunehmen
ist, wie dies bereits gegenwärtig praktiziert wird.[380] Hervorzuheben ist an dieser Stelle,
dass der Gesetzeswortlaut von „Betroffenen" und nicht etwa von „Beschäftigten"
spricht. Der Definition in § 3 I BDSG folgend gilt diese Interessenabwägung daher für
sämtliche natürliche Personen die von einer Videoüberwachung betroffen sind, also
auch für Kunden oder Lieferanten.[381] Aus Gründen der Transparenz ist der Arbeitgeber
überdies gem. § 32f I 2 BDSG-E dazu verpflichtet, den Umstand der Videoüberwachung durch geeignete Maßnahmen kenntlich zu machen.[382]

Oben stehende Ausführungen gelten nach § 32f I 4 BDSG-E ebenfalls für den Einsatz
von Videoüberwachungsattrappen, da bereits der Anschein eines Einsatzes von Video-

---

[376] Vgl. Künzel, AuA 2011, S. 211; Seifert, DuD 2011, S. 102 f.; Wybitul (2011): S. 492 f.
[377] Vgl. Wybitul (2011): S. 492 f.; Keilich/Witteler, AuA 2011, S. 281.
[378] Vgl. Tamm, PersV 2011, S. 53; Lang, AuA Sonderausgabe 2010, S. 27.
[379] Vgl. Keilich/Witteler, AuA 2011, S. 281; Lang, AuA Sonderausgabe 2010, S. 27.
[380] Vgl. Entwurf eines Gesetzes zur Regelung des Beschäftigtendatenschutzes vom 15.12.2010, BT-Drs. 17/4230, S. 19; Lang, AuA Sonderausgabe 2010, S. 27; Seifert, DuD 2011, S. 104; Forst, NZA 2010b, S. 1047.
[381] Vgl. Wybitul (2011): S. 493.
[382] Vgl. Entwurf eines Gesetzes zur Regelung des Beschäftigtendatenschutzes vom 15.12.2010, BT-Drs. 17/4230, S. 19; Künzel, AuA 2011, S. 211; Seifert, DuD 2011, S. 105.

kameras einen Überwachungsdruck erzeugt und damit zu Verhaltensänderungen der Beschäftigten führen kann.[383]

Für die weitere Verarbeitung und Nutzung der mittels einer solchen Videoüberwachung erhobenen Daten sieht § 32f BDSG-E selbst keine Regelung vor. Jedoch verweist § 32f I 3 BDSG-E diesbezüglich auf § 6b III BDSG. Danach ist die Verarbeitung oder Nutzung dieser Daten nur gestattet, wenn sie zum Erreichen der oben aufgeführten Zwecke erforderlich ist und keine Anhaltspunkte dafür bestehen, dass schutzwürdige Interessen der beobachteten Betroffenen überwiegen (§ 6b III 1 BDSG). Für andere Zwecke ist eine Verarbeitung oder Nutzung nur zulässig, wenn sie zur Abwehr von Gefahren für die staatliche und öffentliche Sicherheit oder zur Verfolgung von Straftaten erforderlich ist (§ 6b III 2 BDSG).[384] Somit wird sich an der bisherigen Rechtslage nicht viel ändern. Daneben bestehen nach § 32f I 3 BDSG-E und dem dortigen Verweis auf § 6b IV BDSG zudem Informationspflichten des Arbeitgebers. So hat er die betroffenen Personen über den Zweck der Erhebung, der Speicherung, Verarbeitung oder Nutzung der Daten sowie die Identität der verantwortlichen Stelle zu unterrichten (§ 6b IV BDSG i.V.m. §§ 19a, 33 BDSG).[385] Der pauschale Verweis auf diese Vorschrift führt indes dazu, dass künftig auch jeder Dritte, dem die erhobenen Daten zugeordnet werden können, benachrichtigt werden muss. Dies ist im Vergleich zur bisherigen Rechtslage neu, da ein Dritter bei rein betriebsinternen Überwachungsmaßnahmen bisher nicht ausdrücklich unterrichtet werden musste.[386] Im Anschluss an eine Videoüberwachung sind die Aufnahmen vom Arbeitgeber gem. § 32f III BDSG-E unverzüglich zu löschen, sobald sie zur Erreichung des Speicherungszwecks nicht mehr erforderlich sind oder schutzwürdige Interessen des Beschäftigten einer weiteren Speicherung entgegenstehen. Der Umfang der zulässigen Videoüberwachung wird in § 32f II 1 BDSG-E beschränkt. Demzufolge ist sie in Betriebsräumen untersagt, die überwiegend der privaten Lebensgestaltung der Beschäftigten dienen. Als Regelbeispiele führt der Gesetzgeber in § 32f II 2 BDSG-E die Sanitär-, Umkleide- und Schlafräume der Belegschaft an.[387] Entscheidend für die Abgrenzung ist allerdings nicht, ob ein Betriebsraum auch als Privatbereich

---

[383] Vgl. Entwurf eines Gesetzes zur Regelung des Beschäftigtendatenschutzes vom 15.12.2010, BT-Drs. 17/4230, S. 19; Keilich/Witteler, AuA 2011, S. 281; Lang, AuA Sonderausgabe 2010, S. 26.
[384] Vgl. Seifert, DuD 2011, S. 105; Wybitul (2011): S. 491 ff.
[385] Vgl. Keilich/Witteler, AuA 2011, S. 281; Seifert, DuD 2011, S. 105; Wybitul (2011): S. 495.
[386] Vgl. Seifert, DuD 2011, S. 105.
[387] Vgl. Wybitul (2011): S. 495; Künzel, AuA 2011, S. 211

dienen kann, sondern welche überwiegende Funktion er hat.[388] So gilt laut der Entwurfsbegründung ein Raucherzimmer nicht der privaten Lebensgestaltung, da dieser von einer Vielzahl von Beschäftigten genutzt werden kann und es somit an der Vergleichbarkeit mit einem individuellen Rückzugsraum mangelt.[389]

Etwas Neues hält der Gesetzesentwurf hinsichtlich der heimlichen Videoüberwachung parat. Sah der vorherige Referentenentwurf noch explizit vor, dass auch solche Überwachungsmaßnahmen zur Aufdeckung schwerer Verfehlungen eines Beschäftigten unter gewissen Umständen erlaubt sein sollten,[390] so lässt sich hierzu im jetzigen Entwurf nichts mehr finden. Zwar ist auch kein explizites Verbot ersichtlich, dennoch sprechen einige Indizien für ein Solches, wie etwa die Informationspflicht sowie die Pflicht zur Kenntlichmachung gem. §§ 32 f I 2, 3 BDSG-E.[391] Darüber hinaus legt § 32e IV 1 Nr.3 BDSG-E fest, dass eine Erhebung von Beschäftigtendaten unzulässig ist, wenn sie durch sonstige technische Mittel erfolgt, die für Beobachtungszwecke bestimmt sind.[392] Von diesem Verbot sind nach § 32e IV 2 BDSG-E lediglich Ferngläser und Fotoapparate ausgenommen. Insgesamt betrachtet ist daher davon auszugehen, dass die heimliche Videoüberwachung nach derzeitigem Stand des Gesetzesentwurfs künftig generell verboten ist.[393]

4.4.2.2 Bewertung

Es ist erfreulich, dass die Videoüberwachung trotz recht umfangreicher Judikate des BAG[394] nunmehr durch § 32f BDSG-E eine gesetzliche Rechtsgrundlage erhalten soll. Besonders positiv hervorzuheben ist in dem Entwurf der Bundesregierung, dass nach § 32f I 3 BDSG-E umfangreiche *Informationspflichten* zur Wahrung der Transparenz aufgenommen wurden. Auch die in § 32f I 4 BDSG-E vorgenommene Ausweitung des Anwendungsbereichs auf *Attrappen* vermag zu überzeugen, weil der subjektive Überwachungsdruck auch in diesem Fall mit gleicher Intensität auf den Betroffenen wirkt.

---

[388] Vgl. Lang, AuA Sonderausgabe 2010, S. 26; Keilich/Witteler, AuA 2011, S. 281.

[389] Vgl. Entwurf eines Gesetzes zur Regelung des Beschäftigtendatenschutzes vom 15.12.2010, BT-Drs. 17/4230, S. 19.

[390] Vgl. BMI-Referentenentwurf (2010): Online im Internet, S. 32 f.

[391] Vgl. Beckschulze/Natzel, BB 2010, S. 2373; Keilich/Witteler, AuA 2011, S. 281.

[392] Vgl. Entwurf eines Gesetzes zur Regelung des Beschäftigtendatenschutzes vom 15.12.2010, BT-Drs. 17/4230, S. 19.

[393] So im Ergebnis auch Seifert, DuD 2011, S. 99; Lang, AuA Sonderausgabe 2010, S. 27; Kort, MMR 2011, S. 295; Keilich/Witteler, AuA 2011, S. 281; Beckschulze/Natzel, BB 2010, S. 2373.

[394] Vgl. hierzu etwa BAG Beschl. v. 26.08.2008 (1 ABR 16/07) in: NZA 2008, S. 1187; BAG Beschl. v. 29.06.2004 (1 ABR 21/03) in: NJW 2005, S. 313; BAG Urt. v. 27.03.2003 (2 AZR 51/02) in: NZA 2003, S. 1193.

Allerdings gibt es auch in diesem Bereich Anlass zur Kritik. So wird vielfach bemängelt, dass die zulässigen *Erhebungszwecke derart weit und unbestimmt formuliert* worden sind, dass sich sogar die Frage stellt, wo zukünftig eine Überwachung nicht möglich sein soll.[395] Bei einer näheren Betrachtung der einzelnen Überwachungszwecke wird zudem deutlich, dass mit der „Sicherheit des Beschäftigten" (Nr.4) nur einer dieser Punkte in der Interessensphäre der Beschäftigten liegt. Folglich werden die Anforderungen an die überwiegenden Interessen des Arbeitgebers im Vergleich zur bisherigen Rechtslage deutlich herabgesenkt, da dieser nunmehr über eine Vielzahl von Rechtfertigungszwecke verfügt.[396] Etwas polemisch ließe sich daher auch sagen, dass die Videoüberwachung von nicht öffentlich zugänglichen Räumen grundsätzlich möglich ist, es sei denn, sie dienen überwiegend der privaten Lebensgestaltung. Allerdings mahnt *Seifert* völlig zu Recht an, dass allein der Zweck einer Datenerhebung noch lange nicht auch deren Rechtmäßigkeit begründet.[397] So müssen nach § 32f BDSG-E sämtliche Zwecke der Erforderlichkeitsprüfung sowie der Abwägung mit den schutzwürdigen Interessen der Betroffenen standhalten. Damit dürfte eine grenzenlose Videoüberwachung auch in Zukunft nicht möglich sein. Nichtsdestotrotz sollten die einzelnen Überwachungszwecke näher konkretisiert werden, wie der Gesetzgeber dies etwa bei dem Schutz des Eigentums (Nr.3) in der Gesetzesbegründung getan hat.[398] Erst dann wird eine Abgrenzung der unterschiedlichen Zwecke in der Praxis möglich, denn nach dem bisherigen Stand könnte oftmals eine mehrfache Rechtfertigung des Einsatzes von Videokameras erfolgen, wie dies etwa bei der Zutrittskontrolle (Nr.1) und der Wahrnehmung des Hausrechts (Nr.2) der Fall ist.[399]

Von noch weitreichender Bedeutung ist in diesem Zusammenhang die *fehlende Konkretisierung der Qualitätskontrolle* (Nr.7). An keiner Stelle wird die sachliche Berechtigung dieses Begriffs näher ausgeführt, so dass sich die Frage stellt, ob dieser Zweck die Qualität des Arbeitsplatzes, der erzeugten Produkte oder gar der Arbeitsleistung der Beschäftigten zum Gegenstand hat. In der gegenwärtigen Rechtslage ist dieser Begriff bislang nicht als tauglicher Überwachungszweck anerkannt worden. Daher ist zu erwar-

---

[395] Vgl. ULD SH (2010): Online im Internet; Körner (2010): Online im Internet, S. 9 f.; Keilich/Witteler, AuA 2011, S. 281.
[396] Vgl. Körner (2010): Online im Internet, S. 9 f.
[397] Vgl. Seifert, DuD 2011, S. 103.
[398] Vgl. Entwurf eines Gesetzes zur Regelung des Beschäftigtendatenschutzes vom 15.12.2010, BT-Drs. 17/4230, S. 19.
[399] Vgl. ULD SH (2010): Online im Internet; Lang, AuA Sonderausgabe 2010, S. 27.

ten, dass diesbezüglich in der Praxis ziemlich schnell Streit entbrennen wird.[400] Jedenfalls sollte eine Überwachung mittels Videokamera für eine standardmäßige Kontrolle der Arbeitsqualität der Beschäftigten unzulässig sein, da sie nicht erforderlich und mit den Persönlichkeitsrechten der Betroffenen kaum zu vereinbaren wäre.[401] Der Gesetzgeber ist folglich angehalten, die einzelnen Überwachungszwecke und dabei insbesondere den Aspekt der Qualitätskontrolle weiter auszuführen.

Gleichzeitig sollte die Auflistung der *geschützten Teile von Betriebsstätten* um etwaige Pausenräume erweitert werden, denn nur weil diese Räume von mehreren Personen genutzt werden können, besteht dennoch ein ausreichendes Schutzbedürfnis der Beschäftigten, da es für sie ebenfalls einen privaten Rückzugsraum darstellt.[402] Einzig sollte eine dortige Überwachung möglich sein, wenn die Beschäftigten zum Schutz ihres Eigentums selbst darauf bestehen.

Zu bemängeln ist ferner, dass dem Arbeitgeber in § 32f BDSG-E im Falle von Videoüberwachungen *keinerlei Dokumentationspflichten* auferlegt werden, wie dies etwa bei der Datenerhebung zu Compliance-Zwecken in § 32e V BDSG-E der Fall ist.[403] Der Arbeitgeber hat zwar den Zweck anzugeben, aber niemand weiß genau, wofür die Aufnahmen schlussendlich tatsächlich verwendet werden. Auch stellt sich die Frage, ob die Aufnahmen, die eigentlich der Wahrnehmung des Hausrechts dienen sollen, dann aber gezielt für die Feststellung von arbeitsrechtlichen Verstößen der Belegschaft eingesetzt werden, gegen einen Übeltäter verwendet werden dürfen. Der Gesetzgeber muss sich mit diesem Punkt im laufenden Gesetzgebungsverfahren näher befassen, denn es kann nicht sein, dass eine Videoüberwachung aufgrund eines recht schadlosen Zweckes als zulässig erachtet wird und damit am Ende doch intensiv in die Beschäftigtenrechte eingegriffen werden kann.

Einen kleinen Denkfehler begeht der Gesetzgeber in Bezug auf das Verbot der heimlichen Videoüberwachung. So verbietet er in § 32e IV 1 Nr.3 BDSG-E die Datenerhebung durch besondere technische Mittel, die für Beobachtungszwecke geeignet sind, erlaubt dagegen in § 32e IV 2 BDSG-E den *Einsatz von Fotoapparaten*. Hierbei scheint er allerdings zu vergessen, dass auch die neuen Fotoapparate mittlerweile über eine Vi-

---

[400] Diese Befürchtung hegen auch Lang, AuA Sonderausgabe 2010, S. 27; Seifert, DuD 2011, S. 103.
[401] Vgl. hierzu schon die derzeitige Ablehnung von Grimm/Schiefer, RdA 2009, S. 332.
[402] So auch Hornung (2011): Online im Internet, S. 13.
[403] Vgl. hierzu Kapitel 4.4.1.2.

deofunktion verfügen und für entsprechende Aufnahmen sorgen können. Daher wäre eine diesbezügliche Klarstellung nötig, dass nur Fotoapparate ohne eine solche Funktion eingesetzt werden dürfen.

Allerdings ist ohnehin kaum nachzuvollziehen, warum die *heimliche Videoüberwachung* künftig überhaupt verboten werden soll. Insbesondere vor dem Hintergrund, dass auch das BAG bisher ein praktisches Bedürfnis der verdeckten Überwachung anerkannt hat, ist dies nicht einleuchtend.[404] Es ist zwar unbestritten, dass eine solche Überwachung einen schweren Eingriff in die Persönlichkeitsrechte der Beschäftigten darstellt, allerdings wurden genau aus diesem Grund vom BAG besonders restriktive Kriterien für eine Zulässigkeit aufgestellt, um diese Rechte entsprechend wahren zu können. Somit läuft der Datenschutz durch dieses Verbot sogar Gefahr, zum bloßen Täterschutz zu verkommen, wenn diese Überwachungsmaßnahme bei einem konkreten Verdacht z.B. der Untreue trotz positiver Verhältnismäßigkeitsprüfung und Interessenabwägung nicht mehr eingesetzt werden darf.[405] Ungeachtet dessen ist zu berücksichtigen, dass dieses grundsätzliche Verbot auch *ungewollte Folgen* nach sich ziehen kann. So besteht zum einen die Gefahr, dass die Arbeitgeber künftig vermehrt die bisherigen „milderen" Mittel einsetzen, wie etwa die Observierung durch Detektive. Zum anderen könnte dieses Verbot zu einer Ausweitung der offenen Videoüberwachung führen, um von vornherein zu verhindern, dass eine heimliche Überwachung überhaupt nötig werden könnte.[406] Gerade vor diesem Hintergrund sollte der Gesetzgeber noch einmal überdenken, ob er die sogar vom BAG als zulässig erachtete heimliche Videoüberwachung wirklich verbieten möchte. Wie er sich auch entscheiden mag, er sollte auf jeden Fall eine ausdrückliche Klarstellung im Gesetz vornehmen, entweder durch die Aufnahme der Zulässigkeitskriterien oder eines Verbotes, damit sich dies zukünftig auch einem juristischen Laien erschließt.

Abschließend lässt sich festhalten, dass der Gesetzgeber sein Ziel, die Interessen der Beschäftigten und der Arbeitgeber ausgewogen zu wahren, nicht erreicht hat. Zwar hat er dem Arbeitgeber die Möglichkeit der heimlichen Videoüberwachung genommen, doch ist die Durchführung einer solchen Maßnahme auch nach gegenwärtiger Rechtsla-

---

[404] Vgl. hierzu etwa BAG Beschl. v. 26.08.2008 (1 ABR 16/07) in: NZA 2008, S. 1187; BAG Beschl. v. 29.06.2004 (1 ABR 21/03) in: NJW 2005, S. 313; BAG Urt. v. 27.03.2003 (2 AZR 51/02) in: NZA 2003, S. 1193.
[405] So zu Recht auch DAV (2010): Online im Internet, S. 6; Seifert, DuD 2011, S. 99.
[406] Vgl. Seifert, DuD 2011, S. 99 f.; Thüsing, NZA 2011, S. 17.

ge nur unter äußerst restriktiven Voraussetzungen zulässig gewesen. Somit hat der Gesetzgeber die Rechte der Beschäftigten durch die Aufnahme eines sehr weit gehenden Rechtfertigungskatalogs sowie der erlaubten Überwachung der Raucherzimmer deutlich gravierender beschnitten. Zur Erreichung dieses Ziels besteht daher noch erheblicher Verbesserungsbedarf.

4.4.2.3 Handlungsempfehlungen und Umsetzungsvorschläge

➢ Zunächst sollten die Unternehmen genau prüfen, wie sie ihre bisherigen offenen Videoüberwachungen kenntlich gemacht haben. Dies hat nunmehr durch geeignete Maßnahmen zu erfolgen, weshalb ein Schild mit der simplen Aufschrift „Videoüberwachung" an irgendeiner Seitenwand nicht ausreichend sein dürfte. Deshalb sollten diese Hinweisschilder an jedem Eingang zu den videoüberwachten Räumen zu finden sein und zudem über eine eindeutige und ausführliche Aufschrift verfügen. Um der Hinweispflicht Genüge zu tun, schlägt *Wybitul* folgende wohl rechtssichere Formulierung vor: „Wir weisen Sie darauf hin, dass Sie sich hier in einer Betriebsstätte befinden, die mittels optisch-elektronischer Einrichtungen (Videoüberwachung) nach § 32f BDSG beobachtet wird."[407]

➢ In Bezug auf den zulässigen Überwachungszweck der Qualitätskontrolle sollten die Unternehmen keine Kontrollen der Arbeitsqualität ihrer Beschäftigten vornehmen, da dieser Aspekt wohl nicht hierunter zu subsumieren ist.

➢ Des Weiteren ist zu empfehlen entsprechende Informationsschreiben vorzubereiten, um den vorgeschriebenen Informationspflichten gem. § 32f I 3 BDSG-E i.V.m. §§ 6b IV, 19a, 33 BDSG nachzukommen. Dabei ist zu beachten, dass nunmehr auch jeder Dritte zu informieren ist.

➢ Sollte ein Unternehmen seine Beschäftigten bisher durch den Einsatz von Attrappen abschrecken wollen, so sollte es diese Verfahrensweise künftig einstellen oder dafür Sorge tragen, dass es die Voraussetzungen für eine wirkliche Überwachung auch erfüllt.

➢ Bei bereits durchgeführten oder noch geplanten Videoüberwachungen haben die Arbeitgeber dafür Sorge zu tragen, dass eine Beobachtung der Teile von Betriebsstätten eingestellt wird, die überwiegend der privaten Lebensgestaltung dienen, da

---

[407] Wybitul (2011): S. 494.

diese in Zukunft verboten ist. Daneben sollten auch Pausenräume vorerst noch nicht überwacht werden, da dies entgegen der Ansicht des Gesetzgebers doch einen großen Eingriff in die Rechte der Betroffenen darstellt.

➢ Hat ein Unternehmen für die Zukunft schon heimliche Videoüberwachungen geplant, so ist diesem zu raten, sämtliche Planungen vorerst einzustellen, bis der Gesetzgeber sich hierzu endgültig geäußert hat.

4.4.3 Kontrolle von Telefon, Internet und E-Mail

Neben der Nutzung von Telefonanlagen sind auch die Internetnutzung sowie die E-Mail-Kommunikation mittlerweile zu einem festen Bestandteil der modernen Organisationen geworden. Allerdings hat insbesondere der Datenskandal bei der Deutschen Telekom gezeigt, dass die Telekommunikation auch ein großes Potenzial für eine unzulässige, umfassende Überwachung von Beschäftigten birgt.[408] Daher überrascht es nicht, dass sich der Gesetzgeber im Zuge seiner Reformierung auch der sehr praxisrelevanten Frage angenommen hat, ob und in welchem Umfang ein Unternehmen die Nutzung von diesen Telekommunikationsdiensten durch seine Belegschaft kontrollieren darf. Aus diesem Grund hat er in § 32i BDSG-E umfangreiche Regelungen über die Erhebung, Nutzung und Verarbeitung von Daten aufgenommen, die bei der Nutzung von Telekommunikationsdiensten, E-Mails sowie dem Internet anfallen. Dabei regelt § 32i BDSG-E jedoch nur die berufliche und nicht die private Nutzung, bei der das TKG weiterhin im Arbeitsverhältnis Anwendung finden soll.[409] Vor diesem Hintergrund wird sich dieser Abschnitt ausschließlich mit der beruflichen Nutzung dieser Dienste auseinandersetzen.

4.4.3.1 Rechtliche Ausgestaltung

Bei der Kontrolle der rein dienstlichen Nutzung von Telefon, Internet und E-Mail kommen nach *derzeitiger Rechtslage* das TKG und das TMG nicht zur Anwendung, somit muss sich der Arbeitgeber an den Regelungen des BDSG orientieren.[410] In Betracht kommt hier vordergründig der § 32 I 1 BDSG.[411] Dabei ist zunächst zwischen den

---

[408] Vgl. Haustein-Teßmer (2008): Online im Internet; Tinnefeld/Petri/Brink, MMR 2010, S. 733.
[409] Vgl. Entwurf eines Gesetzes zur Regelung des Beschäftigtendatenschutzes vom 15.12.2010, BT-Drs. 17/4230, S. 43; Byers/Vietmeyer, MMR 2010, S. 809; zur Rechtslage bei der privaten Nutzung vgl. BAG Urt. v. 07.07.2005 (2 AZR 581/04) in: NZA 2006, S. 98; Beckschulze/Natzel, BB 2010, S. 2373; Besgen/Prinz (2009): § 1, Rn. 45 ff, § 10, Rn. 74 ff.; Byers/Vietmeyer, MMR 2010, S. 808.
[410] Vgl. Polenz/Thomsen, DuD 2010, S. 615; Barton, NZA 2006, S. 462.
[411] Vgl. ErfK/Wank (2011): § 32 BDSG, Rn. 23; Gola/Schomerus- Gola/Schomerus (2010): § 32 BDSG, Rn. 17 f.

äußeren Verbindungsdaten[412] (z.B. Tag, Uhrzeit, Beginn und Ende) sowie den Inhaltsdaten (z.B. Text von E-Mails oder Mitschnitte von Telefonaten) zu unterscheiden.
Die Kontrolle der Verbindungsdaten wird bei sämtlichen Telekommunikationsdiensten
grundsätzlich als zulässig erachtet, da dem Arbeitgeber auch die Möglichkeit gewährt
werden muss, die Einhaltung des Verbots der privaten Nutzung und damit einhergehend
die Erbringung der arbeitsvertraglich geschuldeten Leistung zu kontrollieren.[413] Anders
verhält es sich jedoch mit der Inhaltskontrolle, denn diese stellt einen weitaus größeren
Eingriff in die Rechte der Beschäftigten dar, weil hierbei auch Kommunikationsinhalte
erfasst werden.[414] Das Kontrollinteresse des Arbeitgebers muss hier also die schutzwürdigen Interessen der Beschäftigten überwiegen.[415] Hinsichtlich der Internet- und E-
Mail-Nutzung ist eine Inhaltskontrolle nach h.M. aus denselben Gründen gestattet wie
bei der Kontrolle der Verkehrsdaten.[416] Um dabei ein lückenloses und routinemäßiges
Ausspionieren zu verhindern, darf in diesem Fall allerdings nur eine verdachtsbezogene,
stichprobenartige Kontrolle erfolgen.[417] Insbesondere ist eine Inhaltskontrolle dann gestattet, wenn es bspw. um die Weitergabe von Geschäftsgeheimnissen, den Betriebsfrie-
den beeinträchtigende bzw. rufschädigende oder gar strafrechtlich relevante Inhalte
geht.[418] Demgegenüber ist die Inhaltskontrolle, also das Abhören oder Mithören, eines
Dienstgesprächs grundsätzlich nicht erlaubt, da sich ein Beschäftigter hier auf die Vertraulichkeit seines Wortes verlassen kann.[419] Nichtsdestotrotz ist eine inhaltliche Kontrolle dennoch ausnahmsweise zulässig, wenn das Kontrollinteresse des Arbeitgebers
überwiegt. Dies ist z.B. beim Schutz von Geschäftsgeheimnissen oder beim konkreten
Verdacht von strafbaren Gesprächsinhalten der Fall.[420] Daneben ist auch das Mithören
zu Ausbildungszwecken in Ausnahmefällen gestattet, vorausgesetzt der Betroffene
wurde über diese Kontrollmöglichkeit vorab informiert.[421]

---

[412] Diese Daten werden vielfach auch als Verkehrsdaten bezeichnet.
[413] Vgl. Besgen/Prinz (2009): § 10, Rn. 46; Altenburg/Reinersdorff/Leister, MMR 2005a, S. 136; Oberwetter, NZA
2008, S. 611; Raif/Rasmussen-Bonne, GWR 2011, S. 80; Byers/Vietmeyer, MMR 2010, S. 810.
[414] Vgl. Altenburg/Reinersdorff/Leister, MMR 2005a, S. 136; Barton, NZA 2006, S. 463.
[415] Vgl. Barton, NZA 2006, S. 463.
[416] Vgl. Gola/Wronka (2010): Rn. 787; ErfK/Wank (2011): § 32 BDSG, Rn. 23; Keilich/Witteler, AuA 2011, S. 281;
Besgen/Prinz (2009): § 10, Rn. 47; Altenburg/Reinersdorff/Leister, MMR 2005a, 136.
[417] Vgl. Oberwetter, NZA 2008, S. 611; Besgen/Prinz (2009): § 10, Rn. 48.
[418] Vgl. Barton, NZA 2006, S. 463; Oberwetter, NZA 2008, S. 611; Härting, ITRB 2008, S. 89.
[419] Vgl. BVerfG Beschl. v. 19.12.1991 (1 BvR 382/85) in: NJW 1992, S. 815 f.; BVerfG Beschl. v. 09.10.2002 (1
BvR 1611/96, 1 BvR 805/98) in: JuS 2003, S. 393 f.; Gola/Wronka (2010): Rn. 770 ff.
[420] Vgl. Gola/Wronka (2010): Rn. 774; BAG Urt. v. 29.10.1997 (5 AZR 508/96) in: NZA 1998, S. 309.
[421] Vgl. BAG Beschl. v. 30.08.1995 (1 ABR 4/95) in: NZA 1996, S. 220; Gliss/Kramer (2006): S. 73.

Auch *der neue Gesetzesentwurf* differenziert zutreffend zwischen dem Umgang mit den Verkehrs- und den Inhaltsdaten.

4.4.3.1.1 Verkehrsdaten sämtlicher Telekommunikationsdienste

So regelt § 32i I BDSG-E zunächst die Erhebung, Verarbeitung oder Nutzung der Verkehrsdaten, die bei der Nutzung von Telekommunikationsdiensten anfallen. Zu diesen Daten zählen laut Gesetzesbegründung insbesondere die Nummer oder Kennung der beteiligten Anschlüsse, der Beginn und das Ende der jeweiligen Verbindung, sowie die übermittelten Datenmengen.[422] Dies entspricht auch der Definition der Verkehrsdaten in § 3 Nr.30 TKG.[423] Eine Kontrolle dieser Daten ist gem. § 32i I 1 BDSG-E nur dann zulässig, wenn dies zur Gewährleistung des ordnungsgemäßen Betriebs und der Datensicherheit (Nr.1), zu Abrechnungszwecken (Nr.2) oder zu stichprobenartigen bzw. anlassbezogenen Leistungs- und Verhaltenskontrollen (Nr.3) erforderlich ist.[424] Während Nr.1 den Arbeitgeber in die Lage versetzt, Schäden von seinen Anlagen abzuhalten und die Sicherheit der darin verarbeiteten Daten zu gewährleisten, hilft ihm Nr.2 angefallene Entgelte den entsprechenden Beschäftigten zuordnen zu können und durch Nr.3 kann er schließlich feststellen, ob Telefonate auch wirklich nur zu beruflichen oder dienstlichen Zwecken erfolgt sind.[425] Allerdings dürfen diesen Zwecken keine schutzwürdigen Interessen des Beschäftigten gegenüberstehen.[426] Solche liegen etwa dann vor, wenn ein Arbeitgeber bereits anhand der Verbindungsdaten Sachverhalte erkennen kann, die einer etwaigen gesetzlichen Schweigepflicht unterfallen, wie dies bspw. bei innerbetrieblichen psychologischen Beratungen der Fall ist, und diese im Anschluss einem Beschäftigten unmittelbar zugeordnet werden könnten. Ebenso liegen schutzwürdige Interessen vor, wenn es sich erkennbar um private Inhalte oder um eine Kommunikation zwischen Beschäftigten und deren Interessenvertretungen handelt.[427] Lassen sich die zur Leistungs- oder Verhaltenskontrolle erhobenen Daten einem bestimmten Mitarbeiter zuordnen, so besteht nunmehr nach § 32i I 2 BDSG-E die Pflicht, diesen über eine Ver-

---

[422] Vgl. Entwurf eines Gesetzes zur Regelung des Beschäftigtendatenschutzes vom 15.12.2010, BT-Drs. 17/4230, S. 20.
[423] Vgl. Heinson/Sörup/Wybitul, CR 2010, S. 757.
[424] Vgl. Raif/Rasmussen-Bonne, GWR 2011, S. 80; Keilich/Witteler, AuA 2011, S. 282.
[425] Vgl. Entwurf eines Gesetzes zur Regelung des Beschäftigtendatenschutzes vom 15.12.2010, BT-Drs. 17/4230, S. 21.
[426] Vgl. Tinnefeld/Petri/Brink, MMR 2010, S. 733.
[427] Vgl. Entwurf eines Gesetzes zur Regelung des Beschäftigtendatenschutzes vom 15.12.2010, BT-Drs. 17/4230, S. 20.

arbeitung und Nutzung zu unterrichten, sofern dies den jeweiligen Zweck nicht mehr gefährdet.[428]

4.4.3.1.2 Inhaltsdaten von Telefongesprächen

Eine deutlich restriktivere[429] Regelung lässt sich in § 32i II BDSG-E zu der Frage der zulässigen Verwendung von Inhalten der Nutzung von Telefondiensten finden. Von dieser Regelung werden indes nicht nur die eigentlichen Telefonnetze, sondern auch andere sprachgestützte Kommunikationsangebote, wie etwa das Telefonieren über das Internet (Voice over IP) erfasst.[430] Nach § 32i II 1 BDSG-E dürfen künftig Inhaltsdaten eines Telefongesprächs nur erhoben, verarbeitet und genutzt werden, wenn dies zur Wahrung berechtigter Interessen erforderlich ist, der Beschäftigte und seine Kommuni-kationspartner vorher eingewilligt haben und im konkreten Einzelfall vorher informiert wurden.[431] Ein berechtigtes Arbeitgeberinteresse ist laut Entwurfsbegründung bspw. im Falle des § 32i I 1 Nr.3 BDSG-E zu bejahen, jedoch bei Gesprächen der Beschäftigten mit ihren Interessenvertretern abzulehnen.[432] Eine Einwilligung des Kommunikations-partners ist regelmäßig dann anzunehmen, wenn dieser nach einer Unterrichtung das Telefonat fortsetzt.[433] Um die Informationspflicht zu wahren, reicht eine allgemeine Unterrichtung des Arbeitnehmers allerdings nicht aus, denn diese hat in jedem konkre-ten Einzelfall zu erfolgen. Durch die Erfordernisse der Einwilligung und der Unterrich-tung lässt sich zudem schlussfolgern, dass ein heimliches Mithören von Telefonaten dem Arbeitgeber in Zukunft grundsätzlich untersagt ist.[434] Ein Verstoß hiergegen kann nach § 201 StGB sogar strafbar sein.[435]

Etwas anders verhält es sich, wenn die telefonische Dienstleistung den wesentlichen Inhalt der geschuldeten Arbeitsleistung darstellt. Als Beispiel hierfür lassen sich die Call-Center oder der Betrieb einer Telefon-Hotline anführen.[436] In diesem Fall darf der Arbeitgeber gem. § 32i II 2 BDSG-E wiederum Inhaltsdaten vereinzelt zu einer stich-

---

[428] Vgl. Künzel, AuA 2011, S. 212; Keilich/Witteler, AuA 2011, S. 282; Wybitul (2011): S. 506.

[429] Da bei der Inhaltskontrolle ein besonders schwerer Eingriff in das Persönlichkeitsrecht der Beschäftigten vorliegt.

[430] Vgl. Entwurf eines Gesetzes zur Regelung des Beschäftigtendatenschutzes vom 15.12.2010, BT-Drs. 17/4230, S. 21.

[431] Vgl. Tinnefeld/Petri/Brink, MMR 2010, S. 733 f.; Beckschulze/Natzel, BB 2010, S. 2374.

[432] Vgl. Entwurf eines Gesetzes zur Regelung des Beschäftigtendatenschutzes vom 15.12.2010, BT-Drs. 17/4230, S. 21; Keilich/Witteler, AuA 2011, S. 282.

[433] Vgl. Beckschulze/Natzel, BB 2010, S. 2374; Raif/Rasmussen-Bonne, GWR 2011, S. 80.

[434] Vgl. insoweit auch die Gesetzesbegründung im Entwurf eines Gesetzes zur Regelung des Beschäftigtendaten-schutzes vom 15.12.2010, BT-Drs. 17/4230, S. 21.

[435] Vgl. Kort, MMR 2011, S. 295.

[436] Vgl. Künzel, AuA 2011, S. 212; Byers/Vietmeyer, MMR 2010, S. 810.

probenartigen oder anlassbezogenen Leistungs- oder Verhaltenskontrolle erheben, verarbeiten oder nutzen, sofern einerseits der Beschäftigte in geeigneter Weise vorab informiert wurde, dass in einem gewissen Zeitabschnitt mit einer solchen Kontrolle zu rechnen ist und andererseits der Kommunikationspartner über diese Möglichkeit informiert worden ist und darin eingewilligt hat.[437] Allerdings gilt auch in diesem Fall die Ausnahme für Gespräche mit den jeweiligen Interessenvertretungen sowie das Verbot einer lückenlosen Kontrolle.[438] Unterschiede bestehen dagegen hinsichtlich der Unterrichtungspflicht, denn in diesem Fall genügt eine vorherige Information des Beschäftigten in allgemeiner Form. Lediglich im Nachhinein muss der Arbeitgeber den Beschäftigten gem. § 32i II 3 BDSG-E über jede einzelne Erhebung, Verarbeitung oder Nutzung von etwaigen Inhaltsdaten unverzüglich unterrichten. Ein Verstoß hiergegen ist nach § 43 I Nr.7c BDSG-E bußgeldbewährt.[439]

4.4.3.1.3 Inhaltsdaten sonstiger Telekommunikationsdienste

In § 32i III BDSG-E sind außerdem die Voraussetzungen der Erhebung, Verarbeitung und Nutzung der Inhalte sonstiger Telekommunikationsdienste[440] festgelegt worden. Hierbei wird es sich regelmäßig um Texte aus E-Mails, dem Internet oder Messenger-Diensten handeln.[441] Die Zulässigkeit einer solchen Inhaltskontrolle lehnt sich in § 32i III 1 BDSG-E nahezu wortgleich an die der Verkehrsdaten in § 32i I 1 BDSG-E an, mit der einzigen Ausnahme, dass auf den Rechtfertigungszweck der Abrechnung verzichtet wurde. Daher sei an dieser Stelle auf die obigen Ausführungen verwiesen. Allerdings wurden die Rechtfertigungszwecke in § 32i III 2 BDSG-E durch die Aufrechterhaltung eines ordnungsgemäßen Geschäftsbetriebs in den Fällen einer Versetzung, Abordnung oder Abwesenheit erweitert. Weiterhin gilt zu beachten, dass auch bei diesem Zweck wie in § 32i III 1 BDSG-E eine Interessenabwägung stattfinden hat, was sich aus dem Wortlaut „Dies gilt auch…" ergibt.[442]

Durch die Neuregelungen wird nun auch die Zulässigkeit einer heimlichen Erhebung der Inhaltsdaten sonstiger Telekommunikationsdienste zum Zwecke einer stichproben-

---

[437] Vgl. Byers/Vietmeyer, MMR 2010, S. 810.
[438] Vgl. Entwurf eines Gesetzes zur Regelung des Beschäftigtendatenschutzes vom 15.12.2010, BT-Drs. 17/4230, S. 21.
[439] Vgl. Wybitul (2011): S. 511 f.
[440] Die Gesetzesbegründung spricht von Telekommunikationsdiensten, die keine Telefondienste sind.
[441] Vgl. Heinson/Sörup/Wybitul, CR 2010, S. 758.
[442] Vgl. hierzu Wybitul (2011): 514, der diese Struktur als wenig schlüssig oder anwenderfreundlich einstuft.

artigen oder anlassbezogenen Leistungs- oder Verhaltenskontrolle geregelt.[443] Diese

darf gem. § 32i III 3 BDSG-E nur noch unter den Voraussetzungen der §§ 32e II – VII

BDSG-E erfolgen. Somit bedarf es:

- dem Verdacht einer Pflichtverletzung, die den Arbeitgeber zu einer Kündigung
  aus wichtigem Grund berechtigen würde,

- der Erforderlichkeit, um die Pflichtverletzung aufzudecken oder weitere zu verhindern sowie

- der Verhältnismäßigkeit einer Erhebung in Art und Umfang.[444]

4.4.3.1.4 Der abgeschlossene Telekommunikationsvorgang

Während sich die Absätze 1 bis 3 mit dem andauernden Telekommunikationsvorgang

auseinandersetzen, behandelt Absatz 4 den Umgang mit den Inhalts- und Verkehrsdaten

einer abgeschlossenen Telekommunikation.[445] Der Gesetzgeber geht in der Entwurfsbe-

gründung davon aus, dass die Telekommunikation mit dem Empfang der übermittelten

Signale als abgeschlossen gilt und der Arbeitgeber gem. § 32i IV 1 BDSG-E die Daten

und Inhalte (z.B. auf dem Arbeitsplatzcomputer eingegangener E-Mails) anschließend

nach den allgemeinen Voraussetzungen der §§ 32c, 32d BDSG-E nutzen darf.[446] Anders

als die anderen Absätze hält der § 32i IV BDSG-E dabei keine unterschiedlichen Rege-

lungen für Inhalts- und Verkehrsdaten bereit, sondern behandelt beide Datenarten iden-

tisch.[447] Durch den Verweis auf die §§ 32c, 32d BDSG-E muss eine Erhebung dieser

Daten für die Durchführung, Beendigung oder Abwicklung des Beschäftigungsverhält-

nisses erforderlich sein. Dies ist der Entwurfsbegründung folgend etwa dann der Fall,

wenn aufgrund der Abwesenheit eines Beschäftigten die dienstlichen E-Mails vom Ver-

treter oder dem Arbeitgeber selbst weiter bearbeitet werden müssen.[448]

Daneben ist die Erhebung, Verarbeitung und Nutzung von privaten Daten und Inhalten

in § 32i IV 2 BDSG-E geregelt. Der Zugriff auf diese Daten darf danach nur erfolgen,

wenn dies zur Durchführung des ordnungsgemäßen Geschäftsbetriebs unerlässlich und

---

[443] Vgl. Tinnefeld/Petri/Brink, MMR 2010, S. 734.
[444] Vgl. Keilich/Witteler, AuA 2011, S. 282.
[445] Vgl. Forst, NZA 2010b, S. 1047 f.
[446] Vgl. Beckschulze/Natzel, BB 2010, S. 2374; Tinnefeld/Petri/Brink, MMR 2010, S. 734.
[447] Vgl. Entwurf eines Gesetzes zur Regelung des Beschäftigtendatenschutzes vom 15.12.2010, BT-Drs. 17/4230, S. 22; Keilich/Witteler, AuA 2011, S. 282.
[448] Vgl. Entwurf eines Gesetzes zur Regelung des Beschäftigtendatenschutzes vom 15.12.2010, BT-Drs. 17/4230, S. 22.

der Beschäftigte vom Arbeitgeber zuvor schriftlich hierauf hingewiesen worden ist.[449] Eine „Unerlässlichkeit" ist insbesondere dann anzunehmen, wenn bei der Erkrankung eines Beschäftigten seine elektronische Post zwecks weiterer Bearbeitung gesichtet werden muss.[450] Von einem Zugriff hat der Arbeitgeber jedoch Abstand zu nehmen, wenn es sich um E-Mails mit erkennbar privatem Inhalt oder Kommunikationsinhalte der Beschäftigten mit ihren Interessenvertretungen handelt, da diese Daten für die Durchführung eines ordnungsgemäßen Geschäftsbetriebes nicht notwendig sind.[451]

4.4.3.2 Bewertung

Durch den § 32i BDSG-E erhält die Praxis erstmals eine spezifische Rechtsgrundlage, die sich mit der Zulässigkeit einer Kontrolle der rein dienstlichen Nutzung von Telekommunikationsdiensten am Arbeitsplatz auseinandersetzt. Zwar macht der Gesetzgeber mit dieser Regelung vieles richtig, wie etwa die Unterscheidung zwischen den Verkehrs- und den Inhaltsdaten, dennoch gibt es zahlreiche kritische Aspekte.

So wäre in Hinsicht auf den Zweck der *stichprobenartigen oder anlassbezogenen Leistungs- und Verhaltenskontrollen*, aufgrund ihrer nicht zu verachtenden Eingriffsintensität, die Aufnahme einer Dokumentationspflicht des Arbeitsgebers wünschenswert gewesen. Dies ist gem. § 32i III 3 BDSG-E bisher einzig bei einer heimlichen Leistungs- und Verhaltenskontrolle der Inhaltsdaten von sonstigen Telekommunikationsdiensten durch den Verweis auf § 32e V BDSG-E der Fall. Insbesondere vor dem Hintergrund, dass es seitens der Beschäftigten äußerst schwierig sein wird, die Einhaltung des Maßes der lediglich stichprobenartigen oder anlassbezogenen Kontrolle nachzuweisen, erlangt diese Pflicht eine besondere Bedeutung.[452] Da es zudem an einer entsprechenden Kontrolle durch eine unabhängige Stelle fehlt, bleibt es allein dem Arbeitgeber überlassen, ob die Beschäftigten über etwaige Leistungs- und Verhaltenskontrolle gem. § 32i I 2 BDSG-E Kenntnis erlangen. In diesem Zusammenhang würde es sich folglich anbieten, das Erfordernis einer vorherigen Einbindung der betrieblichen Interessenvertretung oder des Datenschutzbeauftragten aufzunehmen.

---

[449] Vgl. Byers/Vietmeyer, MMR 2010, S. 810; Timner/Schreier, AuA Sonderausgabe 2010, S. 7.
[450] Vgl. Keilich/Witteler, AuA 2011, S. 282.
[451] Vgl. Entwurf eines Gesetzes zur Regelung des Beschäftigtendatenschutzes vom 15.12.2010, BT-Drs. 17/4230, S. 22; Keilich/Witteler, AuA 2011, S. 282.
[452] So auch Tinnefeld/Petri/Brink, MMR 2010, S. 734; Tamm, PersV 2011, S. 55.

Eine Lockerung der Rechtslage hält der Gesetzesentwurf in Bezug auf die *Inhaltskontrolle von Telefonaten* parat. Durften bisher vom Arbeitgeber Gesprächsinhalte bspw. nur beim Verdacht auf Straftaten oder der Weitergabe von Geschäftsgeheimnissen kontrolliert werden, so ist dies künftig bereits zur Wahrung seiner berechtigten Interessen möglich, wenn der Beschäftigte und seine Kommunikationspartner hierüber vorab informiert wurden und darin eingewilligt haben. Die Stellung der Beschäftigten wird hier also deutlich verschlechtert.

Zu begrüßen ist auf den ersten Blick, dass die *heimliche Kontrolle von Inhalten der Telefongespräche* nach § 32i II BDSG-E weiterhin grundsätzlich unzulässig bleiben soll.[453] Problematisch ist an dieser Stelle jedoch die Verwendung des Rechtfertigungsinstrumentes der Einwilligung, denn wenn man auch im vorliegenden Fall von einer fehlenden Freiwilligkeit ausgeht,[454] wird dem Arbeitgeber durch die „erzwungene Einwilligung" des Beschäftigten quasi eine Totalüberwachung der Telekommunikationsinhalte ermöglicht, soweit irgendwelche berechtigte Interessen dies erforderlich machen. Aus diesem Grund sollte an dieser Stelle von einem Gebrauch dieses Instrumentes abgesehen werden.

Eine lobenswerte Sonderregelung stellt daneben die in § 32i II 2 BDSG-E manifestierte Erlaubnis von *stichprobenartigen Kontrollen für Tätigkeiten, bei denen die erbrachte telefonische Dienstleistung wesentlicher Inhalt der geschuldeten Arbeitsleistung ist,* dar. Denn aufgrund dieser Wesentlichkeit muss der Arbeitgeber auch in die Lage versetzt werden, die ordnungsgemäße Erbringung der Arbeitsleistung des Beschäftigten überprüfen zu können.[455] Allerdings bleibt unklar, in welchen Fällen die Telekommunikation überhaupt als wesentlicher Arbeitsinhalt eines Berufs zu klassifizieren ist. Der Arbeitgeber wird versuchen möglichst viele Berufe hierunter zu subsumieren, um damit über umfangreichere Kontrollmöglichkeiten zu verfügen. Es wird daher vornehmlich Aufgabe der Rechtsprechung sein, in dieser Hinsicht notwendige Konkretisierungen vorzunehmen. Ein weiterer Kritikpunkt ist, dass der Gesetzgeber die Höchstdauer des eingegrenzten Zeitraums, in dem der Beschäftigte mit solch einer Kontrolle zu rechnen hat, nicht festgelegt hat. Somit besteht die Gefahr, dass die Arbeitgeber diese selbst

---

[453] Vgl. Kort, MMR 2011, S. 295.
[454] Vgl. hierzu Kapitel 4.1.1.
[455] Vgl. Wybitul (2011): S. 511.

bestimmen können und sich die Beschäftigten hierdurch einem langfristigen Überwachungsdruck ausgesetzt sehen.

Positive Auswirkungen auf die tägliche Praxis hat ferner § 32i III 2 BDSG-E, der nunmehr unter angemessenen Voraussetzungen abschließend die wichtige Frage klärt, ob ein Arbeitgeber auf den PC eines Arbeitnehmers zugreifen darf, wenn dieser länger ausfällt oder versetzt wird.[456]

Schwer zu kritisieren ist aber die Regelung des § 32i IV 2 BDSG-E, nach der private *Inhalte und Daten nach abgeschlossenem Telekommunikationsvorgang* erhoben und verwendet werden dürfen, wenn dies zur Durchführung des ordnungsgemäßen Dienst- oder Geschäftsbetriebs unerlässlich ist. Zwar ist hierbei noch ein schriftlicher Hinweis an den Beschäftigten nötig, aber im Grundsatz ermöglicht diese Vorschrift die Einsicht in fast jede private Korrespondenz der Beschäftigten. Dies ist verfassungsrechtlich äußerst bedenklich, da ein Arbeitgeber an der privaten Kommunikation nur in den seltensten Fällen ein berechtigtes Interesse hat, weshalb diese Möglichkeit regelmäßig einen Verstoß gegen das informationelle Selbstbestimmungsrecht der Beschäftigten sowie das Fernmeldegeheimnis aus Art. 10 GG zur Folge hat.[457] Die Einführung des verschärfenden Kriteriums der „Unerlässlichkeit" ist schon ein Schritt in die richtige Richtung, allerdings sollten die Anforderungen an so einen massiven Eingriff in die Beschäftigtenrechte noch weiter erhöht werden. In Frage käme bspw. das Erfordernis einer Einwilligung des Beschäftigten.

Fraglich ist zudem, *wann ein Telekommunikationsvorgang als abgeschlossen gilt.* Nach Ansicht des Gesetzgebers ist dies bereits mit dem Empfang der übermittelten Signale der Fall, also bspw. beim Eingang einer E-Mail im Postfach des Beschäftigten.[458] An dieser Auslegung bestehen jedoch einige Zweifel,[459] da insbesondere der Schutz des Fernmeldegeheimnisses erst dann endet, wenn der Angestellte eine E-Mail gelesen hat und anschließend selbst darüber entscheiden kann, ob er die Mail behalten oder löschen möchte.[460] Des Weiteren sind durchaus Sachverhalte denkbar, in denen ein Beschäftig-

---

[456] Vgl. hierzu Raif/Rasmussen-Bonne, GWR 2011, S. 80; Heinson/Sörup/Wybitul, CR 2010, S. 758.

[457] So im Ergebnis auch Körner (2010): Online im Internet, S. 10 f.; Forst, NZA 2010b, S. 1047 f.; Tinnefeld/Petri/Brink, MMR 2010, S. 734.

[458] Vgl. Entwurf eines Gesetzes zur Regelung des Beschäftigtendatenschutzes vom 15.12.2010, BT-Drs. 17/4230, S. 22.

[459] Vgl. Byers/Vietmeyer, MMR 2010, S. 809 f.; Tinnefeld/Petri/Brink, MMR 2010, S. 734; Hanloser, MMR-Aktuell 2010, 307093; Timner/Schreier, AuA Sonderausgabe 2010, S. 6 f.

[460] Diese Ansicht wird derzeit auch von der Rechtsprechung vertreten, vgl. zuletzt VGH Kassel Beschl. v. 19.05.2009 (6 A 2672/08.Z) in: MMR 2009, S. 714; BVerfG Urt. v. 02.03.2006 (2 BvR 2099/04) in: MMR 2006, S. 217.

ter in keinster Weise darüber verfügen kann, dass ihm eine E-Mail mit privatem Inhalt zugeht. Beispielhaft sei hier das Ausgeben von Visitenkarten mit der dienstlichen E-Mail-Adresse an Freunde oder Kunden angeführt. Der Auffassung des Gesetzgebers folgend, hätte er in diesen Fällen gar nicht erst die Möglichkeit diese private Nachricht von seinem Dienstcomputer zu entfernen oder dem Absender mitzuteilen, dass er keine privaten E-Mails an seine dienstliche Mailadresse erhalten möchte.

Schließlich ist es sehr bedauerlich, dass die Bundesregierung aufgrund ihres offensichtlichen Argwohnes gegen die *Einwilligungsmöglichkeit* auch im Fall der Nutzung von Telekommunikationsdiensten pragmatische Lösungen verhindert. Dies gilt insbesondere für die abgeschlossene Telekommunikation, da die einschlägige Vorschrift des § 32i IV BDSG-E keine ausdrückliche Möglichkeit einer Einwilligung vorsieht und sich ein Datenzugriff somit gem. § 32l I BDSG-E nicht mehr durch die Einwilligung legitimieren lässt.

So erfreulich eine gesetzliche Regelung zur dienstlichen Nutzung von Telekommunikationsdiensten allerdings sein mag, so hat der Gesetzgeber hiermit aber nur eine halbe Lösung der Problematik bei der Kontrolle von Telekommunikationsdiensten am Arbeitsplatz herbeigeführt. Über die *private Nutzung* und den damit einhergehenden unzähligen praktischen Problemen schweigt sich der Gesetzesentwurf leider aus. Nach *Heinson, Sörup* und *Wybitul* ist dies gar eine der größten Schwächen der gesetzlichen Neuregelung des Beschäftigtendatenschutzes.[461] Die Bundesregierung betont in ihrer Gegenäußerung auf die Ausführungen des Bundesrates, dass eine diesbezügliche Regelung nicht erforderlich sei, da gem. § 1 III BDSG andere Rechtsvorschriften dem BDSG vorgehen, soweit sie auf personenbezogene Daten anzuwenden sind. Infolgedessen verweist sie auf die Vorschriften des TKG, die weiterhin für die private Nutzung einschlägig sein sollen.[462] Damit bleiben die gegenwärtigen Probleme und Rechtsunsicherheiten aber weiter bestehen, da vielfach bemängelt wird, dass das TKG für die Regelung der Privatnutzung betrieblicher Telekommunikationsdienste nicht geschaffen wurde.[463] Ein weiteres Petitum an den Gesetzgeber ist es also, sich auch des Regelungskomplexes der privaten Nutzung der Telekommunikationsdienste anzunehmen.

---

[461] Vgl. Heinson/Sörup/Wybitul, CR 2010, S. 757; auch Andere betrachten dies sehr kritisch, vlg. hierzu Tinnefeld/Petri/Brink, MMR 2010, S. 734; Hornung (2011): Online im Internet, S. 14.
[462] Vgl. Entwurf eines Gesetzes zur Regelung des Beschäftigtendatenschutzes vom 15.12.2010, BT-Drs. 17/4230, S. 42.
[463] Vgl. Beckschulze/Natzel, BB 2010, S. 2374; Hornung (2011): Online im Internet, S. 14.

Abschließend lässt sich festhalten, dass die geplante Gesetzesänderung in Bezug auf die Nutzung von Telekommunikationsdiensten für eine deutliche Verschlechterung des Beschäftigtendatenschutzes sorgt. So werden die Kontrollbefugnisse des Arbeitgebers, z.B. bei der Inhaltskontrolle von Telefongesprächen, durch die Neuregelungen deutlich erweitert. Für die Unternehmen mag diese Entwicklung durchaus positiv sein, für die Beschäftigten stellt dies aber eher ein Graus dar.

4.4.3.3 Handlungsempfehlungen und Umsetzungsvorschläge

➢ Der § 32i BDSG-E besticht insbesondere durch seine unzähligen Informationspflichten (§§ 32i I 2, II 1-3, IV 2 BDSG-E). Daher bietet es sich an entsprechende Muster für die einzelnen Informationsschreiben vorzubereiten. Diese müssen jedoch individuell ausformuliert werden, da eine Unterrichtung grundsätzlich vor jeder einzelnen Maßnahme zu erfolgen hat. Lediglich bei der Informationspflicht des § 32i II 2 BDSG-E genügt ein pauschales Informationsschreiben, in dem allgemein darauf hingewiesen wird, dass in einem bestimmten Zeitraum mit einer Kontrolle zu rechnen ist. Ebenso sollten Formulare für etwaige Einwilligungserklärungen seitens der Kommunikationspartner in den Fällen der §§ 32i II 1, 2 Nr.2 BDSG-E angefertigt werden.

➢ Weiterhin ist den Unternehmen zu empfehlen, bei einer stichprobenartigen oder anlassbezogenen Inhaltskontrolle nach § 32i II 2 BDSG-E bereits im Vorfeld zu dokumentieren, warum bei der kontrollierten Tätigkeit die telefonische Dienstleistung der wesentliche Inhalt der geschuldeten Arbeitsleistung ist. Damit wäre man frühzeitig für eventuelle Klagen der Beschäftigten gerüstet.

➢ Nach § 32i III 2 BDSG-E ist ein Arbeitgeber künftig legitimiert, auf den PC eines Arbeitnehmers zuzugreifen, wenn dieser länger ausfällt oder versetzt wird. Es ist den Unternehmen jedoch anzuraten, dieses Recht nicht grenzenlos in Anspruch zu nehmen, sondern nur einem oder zwei Kollegen durch entsprechende Vertretungsregelungen einzuräumen. Auf diese Weise kann ein ausufernder Eingriff in die Privatsphäre des Beschäftigten verhindert werden.

➢ Vorsichtig sollte außerdem mit der Kontrollmöglichkeit von Daten und Inhalten nach Abschluss einer Telekommunikation umgegangen werden, da hier abzuwarten bleibt, ob diese Vorschrift den verfassungsrechtlichen Bedenken überhaupt standhält und nicht durch die Rechtsprechung einkassiert wird.

➤ Für die Praxis wird den Unternehmen überdies empfohlen, eine verbindliche Regelung zur Privatnutzung der Telekommunikationsdienste in Form von Individual- oder Rahmenvereinbarungen zu treffen,[464] damit potenzielle Rechtsstreitigkeiten zwischen Arbeitgebern und Beschäftigten von vornherein verhindert werden können.

5 Zusammenfassung und Ausblick

5.1 Zusammenfassung

Das Ziel dieser Untersuchung war es, spezielle Problembereiche dahingehend zu untersuchen, inwieweit sich ihre Rechtslage durch die geplanten Neuregelungen zum Beschäftigtendatenschutz verändern wird und welche Folgen hieraus für die Unternehmen in der Praxis resultieren.

Für eine der praxisrelevantesten Änderungen wird dabei die Beschränkung der *Einwilligung* auf die ausdrücklich im Gesetz genannten Fälle sorgen (§ 32l I BDSG-E). Hierdurch sollte eine Vielzahl der gegenwärtig noch auf Einwilligungen der Beschäftigten beruhenden Datenerhebungen mangels gesetzlicher Legitimation künftig nicht mehr zulässig sein. Allerdings bleibt abzuwarten, ob diese Regelung vor dem Hintergrund der verfassungs- und europarechtlichen Bedenken langfristig Bestand haben wird.

Nicht weniger gravierende Auswirkungen wird die Einschränkung haben, dass von den Neuregelungen durch *Betriebsvereinbarungen* nicht zu Ungunsten der Beschäftigten abgewichen werden darf (§ 32l V BDSG-E). Auf diese Weise wird den Unternehmen jedoch die Möglichkeit genommen, betriebsnahe Lösungen mit ihren Betriebsräten auszuhandeln. Die eigentliche Klarstellung des Gesetzgebers, dass Datenerhebung, -verarbeitung und -nutzung auch durch Betriebsvereinbarungen ausgestaltet werden können, läuft damit gewissermaßen ins Leere.

Erstmals gesetzlich geregelt wurde das *Fragerecht des Arbeitgebers* vor der Begründung eines Beschäftigungsverhältnisses (§ 32 I–V BDSG-E). Viel Neues halten diese Regelungen allerdings nicht bereit, sondern rezipieren größtenteils nur die bisherige Rechtsprechung. Somit dürften die vorgefertigten Fragebögen der Unternehmen in der Regel weiterhin Anwendung finden. Zur Verbesserung der Rechtssicherheit wäre es indes wünschenswert gewesen, wenn neben der Frage zur Schwerbehinderung auch

---

[464] Für eine kurze Übersicht der Alternativen vgl. Holzner, ZRP 2011, S. 13.

andere besonders praxisrelevante Fragethemen, wie bspw. die Frage nach einer Schwangerschaft, einer gesonderten Regelung zugeführt worden wären.

Die Ausgestaltung der neuen Norm zur *ärztlichen Einstellungsuntersuchung* gibt berechtigten Grund zu der Annahme, dass solche Untersuchungen von der Ausnahme zur Regel werden, da der Arbeitgeber grundsätzlich allein darüber entscheiden kann, ob eine Untersuchung durchgeführt werden soll oder nicht (§ 32a I BDSG-E). Er muss hierfür lediglich die gesundheitlichen Voraussetzungen als wesentliche und entscheidende berufliche Anforderung deklarieren, denn von der erforderlichen Einwilligung des Beschäftigten in eine Einstellungsuntersuchung kann im Bewerbungsverfahren regelmäßig ausgegangen werden.

Dagegen genügt für die Zulässigkeit eines *Eignungstests*, dass dieser für die Feststellung der Tauglichkeit eines Bewerbers nach Art oder Bedingung der künftigen Tätigkeit erforderlich ist (§ 32a II BDSG-E). Er hat zukünftig jedoch nach wissenschaftlich anerkannten Methoden zu erfolgen, sofern solche bestehen. Dies hat die negative Folge, dass entweder nur noch standardisierte, aber den wissenschaftlichen Methoden entsprechende, Eignungstests durchgeführt werden oder der Arbeitgeber jedes Mal nachweisen muss, dass für diese spezifische Art von Tests keine wissenschaftlichen Kriterien existieren. Individuell zugeschnittene Eignungsprüfungen werden somit künftig erschwert. Allerdings räumt der Gesetzesentwurf den Arbeitgebern dafür erstmals die Möglichkeit ein, *ärztliche Untersuchungen sowie Eignungstests auch während des Beschäftigungsverhältnisses* veranlassen zu können (§ 32c III BDSG-E).

Daneben wird ebenfalls der Umgang mit den inzwischen weit verbreiteten *Background-Checks* sowie den *Sozialen Netzwerken* im Zuge der Neugestaltung des Beschäftigtendatenschutzes erstmals gesetzlich manifestiert (§ 32 VI BDSG-E). Der Arbeitgeber darf dabei grundsätzlich Daten aus allgemein zugänglichen Quellen erheben, sofern er den Bewerber bspw. in der Stellenanzeige vorab auf diese Erhebungsmöglichkeit hingewiesen hat. In Bezug auf die Sozialen Netzwerken darf er dies nur, sofern es sich um Netzwerke handelt, die der Darstellung der beruflichen Qualifikation dienen. Für die freizeitorientierten Netzwerke gilt dagegen ein Rechercheverbot.

Im Zuge von *Compliance-Maßnahmen* dürfen Daten nunmehr grundsätzlich nur mit Kenntnis des Beschäftigten erhoben werden (§ 32e BDSG-E). Ausnahmsweise sind heimliche Erhebungen gestattet, wenn Tatsachen den Verdacht begründen, dass der Beschäftigte eine Straftat oder eine andere schwerwiegende Pflichtverletzungen im Be-schäftigungsverhältnis begangen hat, die den Arbeitgeber zu einer Kündigung aus wichtigem Grund berechtigen würde. Dies hätte allerdings die recht unverhältnismäßige Folge, dass in Zukunft verdeckte Erhebungen auch bei Pflichtverletzungen erlaubt wären, die dem Arbeitgeber zwar keinen nennenswerten Schaden zugefügt haben, aber dennoch eine Kündigung rechtfertigen („Maultaschenaffäre"). *Datenabgleiche, bzw. Rasterfahndungen* sollen zukünftig zur Aufdeckung von Straftaten oder anderen schwerwiegenden Pflichtverletzungen sogar schon zulässig sein, sofern sie anonymisiert oder pseudonymisiert sowie ausreichend dokumentiert erfolgt sind (§ 32d III BDSG-E). Durch diese geringen Anforderungen wird somit der anlasslose und verdachtsfreie automatisierte Abgleich von Beschäftigtendaten gesetzlich legitimiert.

Eine gesetzliche Verankerung erhält nunmehr auch der Aspekt der Zulässigkeit einer *Videoüberwachung* im Rahmen eines Beschäftigungsverhältnisses (§ 32f BDSG-E). Danach ist diese in einer Vielzahl abschließender aufgelisteter Zwecke möglich, wobei insbesondere der Zweck der Qualitätskontrolle weitreichende Diskussionen aufwirft. Ferner muss sie geeignet sein und es darf kein anderes gleich wirksames, milderes Mittel existieren, um die Interessen des Arbeitgebers wahren zu können. Zu guter Letzt hat auch eine Interessenabwägung nach Maßgabe der bisherigen BAG-Rechtsprechung zu erfolgen. Die größte Neuerung ist allerdings, dass eine heimliche Videoüberwachung künftig generell verboten sein soll.

Bei der gesetzlichen Ausgestaltung der *Nutzung von Telekommunikationsdiensten* hat der Gesetzgeber grundlegend zwischen Verkehrs- und Inhaltsdaten unterschieden (§ 32i BDSG-E). Eine Kontrolle von Verkehrsdaten ist nach den neuen Vorschriften möglich, wenn dies zur Gewährleistung des ordnungsgemäßen Betriebs, zu Abrechnungszwecken oder zu stichprobenartigen Leistungs- und Verhaltenskontrollen erforderlich ist. Ist die Kontrolle der Inhalte von Telefongesprächen derzeit nur im äußersten Notfall zur Aufdeckung von Straftaten gestattet, so reicht es künftig aus, dass dies zur Wahrung berechtigter Interessen des Arbeitgebers erforderlich ist, beide Kommunikationspartner vorher darüber informiert worden sind und sie darin eingewilligt haben. Noch einfacher wird gar die Kontrolle der Inhaltsdaten von anderen Telekommunikationsdiensten (z.B. Internet und E-Mail) zu legitimieren sein, denn deren Zulässigkeit richtet sich nach denselben Voraussetzungen wie die Kontrolle der Verkehrsdaten eines Telefongespräches.

Der Gesetzesentwurf hält damit in Bezug auf die Nutzung von Telekommunikationsdienste wohl die deutlichste Verschärfung der Rechtslage parat.

5.2 Stellungnahme zum Gesetzesentwurf

Die Bundesregierung hat in ihrem Koalitionsvertrag vom 26.10.2009 sowie in der Vorbemerkung zum Gesetzesentwurf festgeschrieben, praxisgerechte Regelungen für Bewerber und Arbeitnehmer zu schaffen und den Arbeitgebern gleichzeitig eine verlässliche Regelung für den Kampf gegen die Korruption an die Hand zu geben.[465] An diesen Zielen – der Praxistauglichkeit und der Rechtssicherheit – muss sie sich somit messen lassen.

In der jetzigen Fassung erfüllt der Gesetzesentwurf die Zielsetzung der *praxisgerechten Regelung* des Beschäftigtendatenschutzes noch nicht. Insbesondere die vielen unübersichtlichen Verweise auf andere Normen sorgen dafür, dass dieses Ziel weitgehend konterkariert wird.[466] Als Beispiel sei die Beantwortung der Frage angeführt, ob ein Unternehmen eine berufliche E-Mail, die auf dem PC eines Beschäftigten gespeichert ist, nutzen darf. Einschlägige Rechtsnorm ist insoweit § 32i IV 1 BDSG-E, diese verweist jedoch auf die §§ 32c, 32d BDSG-E. In Bezug auf die Nutzung der Daten findet sodann § 32d BDSG-E Anwendung, wo allerdings zunächst festzustellen ist, ob die Daten nach den §§ 32, 32a oder 32c BDSG-E erhoben worden sind und auch dort sind weitere Verweise zu finden. In der Praxis ist die Handhabung dieser Vorschriften für nichtjuristische Arbeitgeber und Arbeitnehmer daher kaum mehr möglich, ohne vorab einen Rechtsanwalt zu konsultieren oder einen diesbezüglichen Gesetzeskommentar zu Rate zu ziehen. Dies hat auch der Bundesrat in seiner Stellungnahme kritisiert und als Lösung angeregt, anstelle von Verweisungen den fraglichen Bezugstext auszuführen sowie das Verhältnis der Neuregelungen zu anderen Vorschriften explizit im Gesetzestext und nicht in der Entwurfsbegründung klarzustellen, soweit dies möglich ist.[467] Zumindest mit dem Wegfall der unzähligen Verweisungen wäre denjenigen, die diese Regelungen im betrieblichen Alltag umsetzen sollten, schon beträchtlich geholfen.

---

[465] Vgl. Koalitionsvertrag zwischen CDU, CSU und FDP der 17. Legislaturperiode vom 26.10.2009, S. 106; Entwurf eines Gesetzes zur Regelung des Beschäftigtendatenschutzes vom 15.12.2010, BT-Drs. 17/4230, S. 1; das BDSG sollte insbesondere lesbarer und verständlicher werden.

[466] An diesem Übel leidet das BDSG schon seit langem, vgl. hierzu die §§ 28, 28a, 29 BDSG.

[467] Vgl. Entwurf eines Gesetzes zur Regelung des Beschäftigtendatenschutzes vom 15.12.2010, BT-Drs. 17/4230, S. 26.

Nicht wesentlich höher ist der Zielerreichungsgrad hinsichtlich der *Rechtssicherheit*. Dies liegt insbesondere in der fortwährenden Verwendung von Verhältnismäßigkeitsklauseln sowie unbestimmten Rechtsbegriffen, wie etwa „betrieblicher Interessen"[468], „berechtigter Interessen"[469], „schutzwürdige Interessen des Beschäftigten"[470] oder „wesentlicher Inhalt der geschuldeten Arbeitsleistung"[471] begründet. Es stellt sich zwar die Frage, ob dies angesichts der Unterschiede in der betrieblichen Praxis und der Vielzahl an möglichen Einzelfällen überhaupt vermieden werden kann, allerdings hätte der Gesetzgeber in diesen Fällen bspw. durch ausfüllende Regelbeispiele für ein deutliches Mehr an Rechtssicherheit sorgen können. Durch die nunmehr vorhandenen Auslegungsspielräume wird die Entscheidung über die Zulässigkeit einer Datenerhebung oder - verwendung daher weiterhin Aufgabe der Gerichte sein.

Außerdem wird bei einem Blick auf die jeweiligen Bewertungsabschnitte der einzelnen Kapitel deutlich, dass es der Gesetzgeber in vielen Fällen *versäumt hat, wichtige Aspekte im Zuge der Reformierung anzusprechen*. So hat er unter anderem vergessen die Rechtsfolgen bei unzulässigen Arbeitgeberfragen im Bewerbungsverfahren zu regeln. Auch hätte er das Verhältnis zwischen der datenschutzrechtlichen Zulässigkeit und der Mitbestimmung näher ausgestalten können. Folgt man dem Wortlaut der neuen Vorschriften, so könnte daher der Eindruck entstehen, dass der Einsatz von potenziellen Überwachungssystemen zulässig ist, wenn die dort genannten Voraussetzungen vorliegen. Dieser ist jedoch nur zulässig, wenn gem. § 87 I Nr.6 BetrVG auch die Zustimmung der Interessenvertretung eingeholt worden ist. Eine diesbezügliche Klarstellung wäre daher wünschenswert gewesen.[472] Als weiteres Versäumnis sind fehlende Übergangsfristen anzuführen, die den Arbeitgebern in einem angemessenen zeitlichen Rahmen die Möglichkeit geben, die vorhandenen Kontrollmechanismen oder den Einsatz von Betriebsvereinbarungen sowie Einwilligungen an die neue Rechtslage anzupassen. Ohne eine solche Übergangsregelung stünden die Unternehmen somit unter einem großen Zeitdruck, da die einzelnen Verstöße in der Regel bußgeldbewährt sind. Vielfach wird zudem kritisiert, dass die praxisrelevante Frage, unter welchen Voraussetzungen

---

[468] Vgl. § 32f I 1 BDSG-E.
[469] Vgl. § 32i II 1 BDSG-E.
[470] Vgl. §§ 32 VI, 32f I 1, 32i I 1 BDSG-E
[471] Vgl.§ 32i II 2 BDSG-E.
[472] Vgl. hierzu insbesondere Schuler, DuD 2011, S. 128, der eine diesbezügliche Klarstellung aufgrund der betrieblichen Praxis für dringend erforderlich hält.

Datentransfers zwischen einzelnen Konzernunternehmen möglich sind, unbeantwortet bleibt. Hierzu führt der Gesetzgeber allerdings völlig zu Recht aus, dass der Schwerpunkt dieser Fragestellung nicht im Bereich des Beschäftigtendatenschutzes liegt.[473] Denn es sind neben den Beschäftigtendaten überwiegend die Daten der Kunden, Vertragspartner und sonstiger Dritter betroffen.[474] Unabhängig hiervon sollte der Gesetzgeber den Konzerndatenschutz in naher Zukunft einer Lösung zuführen, da dies die tägliche Praxis in den Konzernunternehmen deutlich erleichtern würde.[475] Vor dem Hintergrund dieser Versäumnisse schafft es der Gesetzgeber nicht für eine Verbesserung der Rechtssicherheit zu sorgen. Ganz im Gegenteil: In der aktuellen Ausgestaltung erhöht der Gesetzesentwurf sogar die Rechtsunsicherheiten.

Ob ein *eigenständiges Gesetz* zu einer Verbesserung dieser Kritikpunkte führen würde, sei an dieser Stelle dahingestellt. Jedenfalls käme auch ein eigenständiges Gesetz nicht umhin, auf das BDSG Bezug zu nehmen, was wiederum zu einer Vielzahl von Verweisen geführt hätte.[476] Außerdem hat der Gesetzgeber an der Einfügung ins BDSG trotz mehrfacher gegenteiliger Forderungen stets festgehalten und wird sich wohl auch in der Schlussetappe des Gesetzgebungsverfahrens nicht mehr von dieser Entscheidung abbringen lassen.

Neben den oben genannten Zielen hat der Gesetzgeber in der Entwurfsfassung der neuen Regelungen zum Beschäftigtendatenschutz weiterhin ausgeführt, dass einerseits die Beschäftigten vor unrechtmäßigen Datenerhebungen und -verwendungen geschützt und andererseits das Informationsinteresse des Arbeitgebers beachtet werden sollen, damit ein vertrauensvolles Arbeitsklima zwischen Arbeitgebern und Beschäftigten am Arbeitsplatz geschaffen werden kann.[477] Die Regierung verfolgt mit dem Entwurf demnach das Ziel, die jeweiligen *Interessen der beiden Parteien ausgewogen zu berücksichtigen*. Allerdings zeigt bereits der erste Satz des neuen § 32 BDSG-E („Der Arbeitgeber darf…") die Tendenz dieses Entwurfs auf. So werden regelmäßig zuerst die Interessen des Arbeitgebers genannt, die dann ausnahmsweise zurückzutreten haben, wenn etwaige

---

[473] Vgl. Entwurf eines Gesetzes zur Regelung des Beschäftigtendatenschutzes vom 15.12.2010, BT-Drs. 17/4230, S. 12.

[474] So auch Hornung (2011): Online im Internet, S. 8.

[475] Für nähere Ausführungen zum Thema vgl. Schneider, NZG 2010, S. 1201; Kort, MMR 2011, S. 297.

[476] Vgl. hierzu den § 4 II des Gesetzesentwurfs der Fraktion der SPD vom 25.11.2009, BT-Drs. 17/69 sowie § 4 III des Gesetzesentwurfs der Fraktion BÜNDNIS 90/DIE GRÜNEN vom 22.02.2011, BT-Drs. 17/4853.

[477] Vgl. Entwurf eines Gesetzes zur Regelung des Beschäftigtendatenschutzes vom 15.12.2010, BT-Drs. 17/4230, S. 1.

schutzwürdige Interessen des Arbeitnehmers entgegenstehen.[478] Der Anknüpfungspunkt des Gesetzes ist demnach stark arbeitgeberlastig geprägt. Der Leitgedanke des Beschäftigtendatenschutzes sollte aber vielmehr das informationelle Selbstbestimmungsrecht der Beschäftigten sein. Daneben bleibt der Gesetzesentwurf vielfach hinter dem Status Quo der gegenwärtigen Rechtslage zurück, was teilweise sogar zur Legalisierung der Praktiken aus den jüngst bekanntgewordenen Skandalen führt.[479] Aufgrund dessen wird es laut *DGB-Chef Sommer* zukünftig in der Tat weniger Datenschutzskandale geben, weil das, was bisher Skandal war, nunmehr gesetzlich erlaubt ist.[480] Die Bezeichnung dieses Entwurfs hätte somit nicht „Gesetz zur Regelung des Beschäftigtendatenschutzes", sondern vielmehr „Gesetz zur Regelung der Datenerhebungs-, Datenverarbeitungs- und Datennutzungsbefugnisse der Arbeitgeber" heißen müssen.[481] Durch diese Entwicklung kann sich ein vertrauensvolles Arbeitsklima am Arbeitsplatz nur schwerlich entfalten. Ganz im Gegenteil trägt es durch die Zulässigkeit einiger weiterer Kontrollmöglichkeiten eher dazu bei, eine Atmosphäre des Misstrauens zu schüren.

Der vorliegende Gesetzesentwurf schafft es folglich nicht, die selbst gesteckten Ziele der Bundesregierung zu erfüllen, denn er sorgt weder für eine entsprechende Rechtssicherheit und einen angemessenen Ausgleich der unterschiedlichen Interessen der Arbeitsvertragsparteien noch erfüllt er das Kriterium der Praxistauglichkeit. Auch hätte die derzeitige Fassung des Entwurfs keine Verbesserung, sondern vielfach sogar eine Verschlechterung der gegenwärtigen Datenschutzsituation im Beschäftigungsverhältnis zur Folge. Es bleibt daher zu hoffen, dass der Gesetzgeber die in diesem Buch genannten Defizite im laufenden Gesetzgebungsverfahren noch beseitigen wird.

5.3 Ausblick

Die unzähligen Datenschutzskandale der letzten Jahre haben gezeigt, dass der Beschäftigtendatenschutz in vielen Unternehmen gegenwärtig nur einen geringen Stellenwert genießt. Dabei ist insbesondere deutlich geworden, dass gerade bei den elektronischen Medien (z.B. das heimliche Lesen von E-Mails) die Hemmschwelle einer Datenkontrolle erheblich niedriger liegt, als im nicht-elektronischen Bereich (z.B. das heimliche Öffnen von Briefen). Es gilt daher die allgemeine Sensibilität für eine verbesserte Daten-

---

[478] Vgl. insbesondere die §§ 32f I 1, 32g I 1, 32i I 1 BDSG-E.
[479] So bspw. bei der Erlaubnis der anlasslosen Datenscreenings oder der Inhaltskontrolle von Telefongesprächen.
[480] Vgl. DGB (2011): Online im Internet.
[481] Vgl. insoweit auch die Kritik von Schuler, DuD 2011, S. 128; Körner (2010): Online im Internet, S. 3.

schutzkultur gerade auch in Bezug auf die elektronischen Medien in den Unternehmen zu stärken, um zukünftig einen angemesseneren Umgang mit den Beschäftigtendaten gewährleisten zu können. Dies wird vornehmlich Aufgabe der Führungskräfte und der Personaler in den einzelnen Unternehmen sein. Wichtig ist dabei auch die Mitarbeiter von Betroffenen zu Beteiligten zu machen und sie bspw. durch Datenschutzschulungen zu den Neuregelungen oder anderen Sensibilisierungsmaßnahmen beim Aufbau einer Datenschutzkultur einzubeziehen. Ferner sollte dafür gesorgt werden, dass jedes Unternehmen über einen Datenschutzbeauftragten verfügt und diesen in Hinsicht auf die neue Rechtslage im Beschäftigtendatenschutz auch entsprechend fortbildet. Auf diese Weise würde eine Anpassung der betrieblichen Prozesse an die neue Rechtslage deutlich erleichtert werden.

Es ist allerdings äußerst fraglich, ob das Gesetz überhaupt in der vorliegenden Form verabschiedet wird, denn die Bundesregierung hat auf dem Weg zu einem ausgewogenen Beschäftigtendatenschutz bisher nur die halbe Strecke zurückgelegt. So merkte auch Justizministerin Leutheusser-Schnarrenberger an, dass im Detail Nachbesserungen des Gesetzesentwurfs dringend erforderlich seien.[482] Es wäre daher wünschenswert, wenn der Gesetzgeber auch die letzte Etappe zu diesem Ziel erfolgreich bewältigen wird.[483] Wie auch immer sich der aktuelle Entwurf dabei noch verändern möge, die Arbeitgeber werden sich so oder so einer Vielzahl von Neuerungen ausgesetzt sehen, weshalb in jedem Unternehmen der komplette Umgang mit personenbezogene Daten geprüft und gegebenenfalls neu organisiert werden muss.

---

[482] Vgl. Tinnefeld/Petri/Brink, MMR 2011, S. 427.
[483] Derzeit wird zudem auf europarechtlicher Ebene eine Reform der EG-Datenschutzrichtlinie angestrebt, weshalb es sogar dazu kommen kann, dass die gesetzlichen Neuregelungen zeitnah wieder überarbeitet werden müssen, vgl. hierzu Beckschulze/Natzel, BB 2010, S. 2375; Hornung (2011): Online im Internet, S. 2.

IV. Literaturverzeichnis

Altenburg, Stephan/ **v. Reinersdorff, Wolfgang/** **Leister, Thomas (2005):** *(zit.: Altenburg/Reinersdorff/Leister,* *MMR 2005a)*	Telekommunikation am Arbeitsplatz. In: MMR 2005, S. 135 – 139.
Altenburg, Stephan/ **v. Reinersdorff, Wolfgang/** **Leister, Thomas (2005):** *(zit.: Altenburg/Reinersdorff/Leister,* *MMR 2005b)*	Betriebsverfassungsrechtliche Aspekte der Telekommunikation am Arbeitsplatz. In: MMR 2005, S. 222 – 226.
AOK (2010): *(zit.: AOK (2010): Online im Internet)*	Fehlzeiten-Report 2010. In: http://www.aok-bv.de/imperia/md/ aokbv/gesundheit/vorsorge/betriebe/ wido_pm_fehlzeiten_report_2010.pdf (Download 08.06.2011).
Barton, Dirk-M. (2006): *(zit.: Barton, NZA 2006)*	Betriebliche Übung und privaten Nutzung des Internetarbeitsplatzes – „Arbeitsrechtliche Alternativen" zur Wiedereinführung der alleinigen dienstlichen Verwendung. In: NZA 2006, S. 460 – 466.
Bayreuther, Frank (2005): *(zit.: Bayreuther, NZA 2005)*	Videoüberwachung am Arbeitsplatz. In: NZA 2005, S. 1038 – 1044.
Bayreuther, Frank (2010): *(zit.: Bayreuther, NZA 2010)*	Einstellungsuntersuchungen, Fragerecht und geplantes Beschäftigtendatenschutzgesetz. In: NZA 2010, S. 679 – 683.

BDI/BDA (2011): *(zit.: BDI/BDA (2011): Online im Internet)*	Stellungnahme zum Entwurf eines Gesetzes zur Regelung des Beschäftigtendatenschutzes und anderen Entwürfen. In: http://www.bundestag.de/bundestag/ ausschuesse17/a04/Anhoerungen/ Anhoerung08/Stellungnahmen_SV/ Stellungnahme_03.pdf (Download 08.06.2011).
Beckschulze, Martin/ **Natzel, Ivo (2010):** *(zit.: Beckschulze/Natzel, BB 2010)*	Das neue Beschäftigtendatenschutzgesetz. In: BB 2010, S. 2368 – 2375.
Behrens, Martin (2010): *(zit.: Behrens, WSI-Report 05/2010)*	Datenschutz im Betrieb: Ergebnisse der WSI-Betriebsrätebefragung 2010. In: WSI-Report, Heft 5, S. 1 – 10.
Besgen, Nicolai/ **Prinz, Thomas (2009):** *(zit.: Besgen/Prinz (2009))*	Handbuch Internet.Arbeitsrecht. Rechtssicherheit bei Nutzung, Überwachung und Datenschutz. 2. Auflage. Deutscher Anwalt Verlag, Bonn.
BMELV (2009): *(zit.: BMELV (2009): Online im Internet)*	Umfrage zu Haltung und Ausmaß der Internetnutzung von Unternehmen zur Vorauswahl bei Personalentscheidungen. In: http://www.bmelv.de/cln_154/ SharedDocs/Downloads/ Verbraucherschutz/Internetnutzung Vorauswahl Personalentscheidungen.html (Download 17.06.2011).

BMI-Referentenentwurf (2010): *(zit.: BMI-Referentenentwurf (2010): Online im Internet)*	Entwurf eines Gesetzes zur Regelung des Beschäftigtendatenschutzes. In: http://community.beck.de/ system/files/private/%5B2%5D_BMI_ Referentenentwurf_28Mai2010.pdf (Download 16.06.2011).
BMI-Regierungsentwurf (2010): *(zit.: BMI-Regierungsentwurf (2010): Online im Internet)*	Entwurf eines Gesetzes zur Regelung des Beschäftigtendatenschutzes. In: http://www.bmi.bund.de/cae/ servlet/contentblob/1286172/ publicationFile/95297/Entwurf_ Beschaeftigtendatenschutz.pdf (Download 15.04.2011).
Brandt, Jochen (2010): *(zit.: Brandt, DuD 2010)*	Betriebsvereinbarungen als datenschutzrechtliche „Öffnungsklauseln"?. In: DuD 2010, S. 213 – 215.
Brink, Stefan/ **Schmidt, Stephan (2010):** *(zit.: Brink/Schmidt, MMR 2010)*	Die rechtliche (Un-)zulässigkeit von Mitarbeiterscreenings – Vom schmalen Pfad der Legalität. In: MMR 2010, S. 592 – 596.
Brühann, Ulf/ **Zerdick, Thomas (1996):** *(zit.: Brühann/Zerdick, CR 1996)*	Umsetzung der EG-Datenschutzrichtlinie. In: CR 1996, S. 429 – 436.
Brühann, Ulf (2009): *(zit.: Brühann, EuZW 2009)*	Mindeststandards oder Vollharmonisierung des Datenschutzes in der EG. In: EuZW 2009, S. 639 – 644.
Bull, Hans P. (2009): *(zit.: Bull (2009))*	Informationelle Selbstbestimmung – Vision oder Illusion?. 1. Auflage. Mohr Siebeck Verlag, Tübingen.

Byers, Philipp/ **Vietmeyer, Katja (2010):** *(zit.: Byers/Vietmeyer, DB 2010)*	Zulässige heimliche Videoüberwachung an öffentlich zugänglichen Arbeitsplätzen?. In: DB 2010, S. 1462 – 1464.
Byers, Philipp/ **Vietmeyer, Katja (2010):** *(zit.: Byers/Vietmeyer, MMR 2010)*	Der Arbeitgeber als TK-Anbieter im Arbeitsverhältnis – Geplante BDSG-Novelle lässt Anwendbarkeit des TKG im Arbeitsverhältnis unangetastet. In: MMR 2010, S. 807 – 811.
Calliess, Christian/ **Ruffert, Matthias (2007):** *(zit.: Calliess/Ruffert- Bearb. (2007))*	Das Verfassungsrecht der Europäischen Union mit Europäischer Grundrechtscharta. 3. Auflage. Verlag C.H. Beck, München.
Däubler, Wolfgang (2001): *(zit.: Däubler, NZA 2001)*	Das neue Bundesdatenschutzgesetz und seine Auswirkungen auf das Arbeitsrecht. In: NZA 2001, S. 874 – 881.
Däubler, Wolfgang (2010): *(zit.: Däubler (2010))*	Handbuch zum Arbeitnehmerdatenschutz. 5. Auflage. Bund-Verlag, Frankfurt am Main.
DAV (2010): *(zit.: DAV (2010): Online im Internet)*	Stellungnahme des Deutschen Anwaltvereins zum Gesetzesentwurf der Bundesregierung für ein Gesetz zur Regelung des Beschäftigtendatenschutzes. In: http://anwaltverein.de/downloads/ stellungnahmen/SN-10/SN-62-010.pdf (Download 28.06.2011).
Deutsch, Markus/ **Diller, Martin (2009):** *(zit.: Deutsch/Diller, DB 2009)*	Die geplante Neuregelung des Arbeitnehmerdatenschutzes in § 32 BDSG. In: DB 2009, S. 1462 – 1465.
Deutscher Richterbund (2010): *(zit.: Deutscher Richterbund, FD-ArbR 2010)*	Richterbund bevorzugt für Beschäftigtendatenschutz eigenes Gesetz. In: FD-ArbR 2010, 304824.

DGB (2011): *(zit.: DGB (2011): Online im Internet)*	Beschäftigtendatenschutz: Gesetzesentwurf legalisiert Überwachung. In: http://www.dgb.de/presse/ ++co++9e7db7fe-8458-11e0-4f46-00188b4dc422 (Download 01.07.2011).
Dpa-AFX (2011): *(zit.: Dpa-AFX (2011): Online im Internet)*	Geplanter Arbeitnehmer-Datenschutz nicht akzeptabel. In: http://www.wallstreet-online.de/nachricht/3105698-roundup-hundt-und-dgb-geplanter-arbeitnehmer-datenschutz-nicht-akzeptabel (Download 08.06.2011).
Erfurth, Rene (2009): *(zit.: Erfurth, NJOZ 2009)*	Der „neue" Arbeitnehmerdatenschutz im BDSG. In: NJOZ 2009, S. 2914 – 2927.
Ernst, Stefan (2011): *(zit.: Ernst, NJOZ 2011)*	Social Networks und Arbeitnehmer-Datenschutz. In: NJOZ 2011, S. 953 – 958.
Faber, Michael (2003): *(zit.: Faber, RDV 2003)*	Verrechtlichung – ja, aber immer noch kein „Grundrecht"! – Zwanzig Jahre informationelles Selbstbestimmungsrecht. In: RDV 2003, S. 278 – 285.
Forst, Gerrit (2010): *(zit.: Forst, NZA 2010a)*	Bewerberauswahl über Soziale Netzwerke im Internet?. In: NZA 2010, S. 427 – 433.
Forst, Gerrit (2010): *(zit.: Forst, NZA 2010b)*	Der Regierungsentwurf zur Regelung des Beschäftigtendatenschutzes. In: NZA 2010, S. 1043 – 1048.
Forst, Gerrit (2010): *(zit.: Forst, DuD 2010)*	Grundfragen der Datenschutz-Compliance. In: DuD 2010, S. 160 – 165.

Forst, Gerrit (2010): *(zit.: Forst, RDV 2010)*	Wie viel Arbeitnehmerdatenschutz erlaubt die EG-Datenschutzrichtlinie. In: RDV 2010, S. 150 – 155.
Franzen, Martin (2010): *(zit.: Franzen, RdA 2010)*	Arbeitnehmerdatenschutz – rechtspolitische Perspektiven. In: RdA 2010, S. 257 – 263.
Gamillscheg, Franz (1989): *(zit.: Gamillscheg (1989))*	Die Grundrechte im Arbeitsrecht. 1. Auflage. Duncker & Humblot Verlag, Berlin.
Gatzke, Marcus (2009): *(zit.: Gatzke (2009): Online im Internet)*	Bahn spähte 173.000 Mitarbeiter aus. In: http://www.stern.de/wirtschaft/ news/unternehmen/daten-skandal-bahn-spaehte-173000-mitarbeiter-aus-652981.html (Download 04.04.2011).
Gliss, Hans/ **Kramer, Phillipp (2006):** *(zit.: Gliss/Kramer (2006))*	Arbeitnehmerdatenschutz – Aktionsfelder für Betriebsräte. 1. Auflage. Bund-Verlag, Frankfurt am Main.
Goette, Wulf/ **Habersack, Mathias (2008):** *(zit.: MüKo-AktG/Bearb. (2008))*	Münchener Kommentar zum Aktiengesetz. 3. Auflage. Verlag C.H. Beck, München.
Gola, Peter (1983): *(zit.: Gola, NJW 1983)*	Zur Entwicklung des Datenschutzrechts im Jahre 1982. In: NJW 1983, S. 915 – 923.
Gola, Peter (1984): *(zit.: Gola, NJW 1984)*	Zur Entwicklung des Datenschutzrechts im Jahre 1983. In: NJW 1984, S. 1155 – 1162.
Gola, Peter (1985): *(zit.: Gola, NJW 1985)*	Zur Entwicklung des Datenschutzrechts im Jahre 1984. In: NJW 1985, S. 1196 – 1203.

Gola, Peter (1986): *(zit.: Gola, NJW 1986)*	Zur Entwicklung des Datenschutzrechts im Jahre 1985. In: NJW 1986, S. 1913 – 1919.
Gola, Peter (1987): *(zit.: Gola, NJW 1987)*	Zur Entwicklung des Datenschutzrechts im Jahre 1986. In: NJW 1987, S. 1675 – 1682.
Gola, Peter (1988): *(zit.: Gola, NJW 1988)*	Zur Entwicklung des Datenschutzrechts im Jahre 1987. In: NJW 1988, S. 1637 – 1644.
Gola, Peter/ **Klug, Christoph (2010):** *(zit.: Gola/Klug, NJW 2010)*	Die Entwicklung des Datenschutzrechts in den Jahren 2009/2010. In: NJW 2010, S. 2483 – 2488.
Gola, Peter/ **Schomerus, Rudolf (2010):** *(zit.: Gola/Schomerus- Bearb. (2010))*	BDSG - Kommentar. 10. Auflage. Verlag C.H. Beck, München.
Gola, Peter/ **Wronka, Georg (2010):** *(zit.: Gola/Wronka (2010))*	Handbuch zum Arbeitnehmerdatenschutz. 5. Auflage. Verlag Datakontext, Heidelberg.
Grimm, Detlef/ **Schiefer, Jennifer (2009):** *(zit.: Grimm/Schiefer, RdA 2009)*	Videoüberwachung am Arbeitsplatz. In: RdA 2009, S. 329 – 344.
Guckelberger, Annette (2003): *(zit.: Guckelberger, JuS 2003)*	Die Drittwirkung der Grundrechte. In: JuS 2003, S. 1151 – 1157.
Gusy, Christoph (2009): *(zit.: Gusy, DuD 2009)*	Gewährleistung der Vertraulichkeit und Integrität informationstechnischer Systeme. In: DuD 2009, S. 33 – 41.

Haase, Martin Sebastian/ **Heermann, Thorsten/** **Klügel, Christian (2010):** *(zit.: Haase/Heermann/Klügel, DuD 2010)*	Blutuntersuchungen im Bewerbungsverfahren. In: DuD 2010, S. 819 – 823.
Haase, Martin Sebastian/ **Heermann, Thorsten/** **Rottwinkel, Wolfgang (2011):** *(zit.: Haase/Heermann/Rottwinkel, DuD 2011)*	Der neue Beschäftigtendatenschutz im Bewerbungs- und Einstellungsverfahren. In: DuD 2011, S. 83 – 87.
Hanloser, Stefan (2010): *(zit.: Hanloser (2010): Online im Internet)*	Beschäftigtendatenschutz: Auf der Zielgeraden. In: http://blog.beck.de/ 2010/08/21/beschaeftigtendatenschutz -auf-der-zielgeraden (Download 04.06.2011).
Härting, Niko (2008): *(zit.: Härting, ITRB 2008)*	Internetsurfen am Arbeitsplatz – Telekommunikation, Datenschutz, Persönlichkeitsrecht. In: ITRB 2008, S. 88 – 90.
Haustein-Teßmer, Oliver (2008): *(zit.: Haustein-Teßmer (2008): Online im Internet)*	Spitzel-Skandal erschüttert Deutsche Telekom. In: http://www.welt.de/ wirtschaft/article2029097/ Spitzel_Skandal_erschuettert_ Deutsche_Telekom.html (Download 01.03.2011).
Heinson, Dennis/ **Sörup, Thorsten/** **Wybitul, Tim (2010):** *(zit.: Heinson/Sörup/Wybitul, CR 2010)*	Der Regierungsentwurf zur Neuregelung des Beschäftigtendatenschutzes. In: CR 2010, S. 751 – 759.

Heinson, Dennis (2010): *(zit.: Heinson, BB 2010)*	Compliance durch Datenabgleiche. In: BB 2010, S. 3084 – 3090.
Hölters, Wolfgang (2011): *(zit.: Hölters/Bearb. (2011))*	Kommentar zum Aktiengesetz. 1. Auflage. Verlag C.H. Beck, München.
Hoeren, Thomas (2008): *(zit.: Hoeren, MMR 2008)*	Was ist das „Grundrecht auf Integrität und Vertraulichkeit informationstechnischer Systeme"?. In: MMR 2008, S. 365 – 366.
Holzner, Stefan (2011): *(zit.: Holzner, ZRP 2011)*	Neues zur Regelung der Nutzung von E-Mail und Internet am Arbeitsplatz?. In: ZRP 2011, S. 12 – 15.
Hornung, Gerrit (2011): *(zit.: Hornung (2011): Online im Internet)*	Stellungnahme zur öffentlichen Anhörung des Innenausschusses des Deutschen Bundestages. In: http://www.bundestag.de/bundestag/ausschuesse17/a04/Anhoerungen/Anhoerung08/Stellungnahmen_SV/Stellungnahme_04.pdf (Download 03.06.2011).
Hunold, Wolf (2010): *(zit.: Hunold, AuA Sonderausgabe 2010)*	Das Fragerecht des Arbeitgebers. In: AuA Sonderausgabe 2010, S. 18 – 22.
Ipsen, Jörn (2005): *(zit.: Ipsen (2005))*	Staatsrecht II - Grundrechte. 8.Auflage. Luchterhand-Verlag, Neuwied.
Iraschko-Luscher, Stephanie/ **Kiekenbeck, Pia (2009):** *(zit.: Iraschko-Luscher/Kiekenbeck, NZA 2009)*	Welche Krankheitsdaten darf der Arbeitgeber von seinem Mitarbeiter abfragen?. In: NZA 2009, S. 1239 – 1242.

Jarass, Hans/ **Pieroth, Bodo (2006):** *(zit.: Jarass/Pieroth- Bearb. (2006))*	Kommentar zum Grundgesetz. 8. Auflage. Verlag C.H. Beck, München.
Jordan, Christopher/ **Bissels, Alexander/** **Löw, Christine (2010):** *(zit.: Jordan/Bissels/Löw, BB 2010)*	Ist der Betriebsrat zur Speicherung von Arbeitnehmerdaten berechtigt? – Arbeitnehmerdatenschutz aus einem anderen Blickwinkel. In: BB 2010, S. 2889 – 2894.
Keilich, Jochen/ **Witteler, Michael (2011):** *(zit.: Keilich/Witteler, AuA 2011)*	Kontrolle von Arbeitnehmern. In: AuA 2011, S. 280 – 283.
Kilian, Wolfgang/ **Heussen, Benno (2010):** *(zit.: Kilian/Heussen- Bearb. (2010))*	Computerrechts-Handbuch. 28. Ergänzungslieferung. Verlag C.H. Beck, München.
Klopp, Tina (2010): *(zit.: Klopp (2008): Online im Internet)*	Firmen wissen nicht, was sie wissen dürfen. In: http://www.zeit.de/digital/ datenschutz/2010-06/ arbeitnehmerdatenschutz-aus- firmensicht?page=1 (Download 14.04.2011).
Kock, Martin/ **Francke, Julia (2009):** *(zit.: Kock/Francke, NZA 2009)*	Mitarbeiterkontrolle durch systematischen Datenabgleich zur Korruptionsbekämpfung. In: NZA 2009, S. 646 – 651.
Körner, Marita (2010): *(zit.: Körner (2010): Online im Internet)*	Moderner Datenschutz für die Beschäftigten: Ein Ende der Skandale?. In: http://www.hugo-sinzheimer-institut.de/fileadmin/user_data_hsi/ Dokumente/Gutachten_ Arbeitnehmerdatenschutz_HSI.pdf (Download 04.05.2011).

Kort, Michael (2011): *(zit.: Kort, DB 2011)*	Zum Verhältnis von Datenschutz und Compliance im geplanten Beschäftigtendaten- schutzgesetz. In: DB 2011, S. 651 – 655.
Kort, Michael (2011): *(zit.: Kort, MMR 2011)*	Lückenhafte Reform des Beschäftigtendaten- schutzes – Offene Fragen und mögliche Ant- worten in Bezug auf die geplanten §§ 32 ff. In: MMR 2011, S. 294 – 299.
Künzel, Markus (2011): *(zit.: Künzel, AuA 2011)*	Beschäftigtendatenschutz: Status quo. In: AuA 2011, S. 210 – 212.
Küttner, Wolfdieter (2011): *(zit.: Küttner/Bearb. (2011))*	Personalbuch 2011. 18. Auflage. Verlag C.H. Beck, München.
Lang, Markus (2010): *(zit.: Lang, AuA Sonderausgabe 2010)*	Mitarbeiterüberwachung. In: AuA Sonderausgabe 2010, S. 26 – 29.
Lelley, Jan Tibor/ **Müller, Florian (2011):** *(zit.: Lelley/Müller, RDV 2011)*	Ist § 32 Abs. 6 Satz 3 BDSG-E verfassungs- mäßig?. In: RDV 2011, S. 59 – 66.
Lill, Tobias (2008): *(zit.: Lill (2008): Online im Internet)*	Im Visier der Lidl-Spitzel. In: http://www.spiegel.de/wirtschaft/ 0,1518,543930,00.html (Download 01.03.2011).
Lunk, Stefan (2009): *(zit.: Lunk, NZA 2009)*	Prozessuale Verwertungsverbote im Arbeits- recht. In: NZA 2009, S. 457 – 464.
Maties, Martin (2008): *(zit.: Maties, NJW 2008)*	Arbeitnehmerüberwachung mittels Kamera?. In: NJW 2008, S. 2219 – 2225.
Maunz, Theodor/ **Dürig, Günter (2011):** *(zit.: Maunz/Dürig- Bearb. (2011))*	Kommentar zum Grundgesetz. 61. Ergän- zungslieferung. Verlag C.H. Beck, München.

Messingschlager, Thomas (2003): *(zit.: Messingschlager, NZA 2003)*	„Sind Sie schwerbehindert?" Das Ende einer (un)beliebten Frage. In: NZA 2003, S. 301 – 305.
Michalski, Lutz (2005): *(zit.: Michalski (2005))*	Arbeitsrecht. 6. Auflage. Verlag C.F. Müller, Heidelberg.
Müller-Glöge, Rudi/ **Preis, Ulrich/** **Schmidt, Ingrid (2011):** *(zit.: ErfK/Bearb. (2011))*	Erfurter Kommentar zum Arbeitsrecht. 11. Auflage. Verlag C.H. Beck, München.
Novara, Fabian/ **Ohrmann, Christoph (2011):** *(zit.: Novara/Ohrmann, AuA 2011)*	Datenschutz im Bewerbungsverfahren. In: AuA 2011, S. 145 – 147.
Oberwetter, Christian (2008): *(zit.: Oberwetter, NZA 2008)*	Arbeitnehmerrechte bei Lidl, Aldi & Co. In: NZA 2008, S. 609 – 613.
Oberwetter, Christian (2011): *(zit.: Oberwetter, NJW 2011)*	Soziale Netzwerke im Fadenkreuz des Ar- beitsrechts. In: NJW 2011, S. 417 – 421.
Perreng, Martina (2010): *(zit.: Perreng, PersR 2010)*	Anforderungen an einen zeitgemäßen Arbeit- nehmerdatenschutz. In: PersR 2010, S. 118 – 120.
Polenz, Sven/ **Thomsen, Sven (2010):** *(zit.: Polenz/Thomsen, DuD 2010)*	Internet- und E-Mail-Nutzung. In: DuD 2010, S. 614 – 618.
Raif, Alexander (2010): *(zit.: Raif, ArbRAktuell 2010a)*	Beschäftigtendatenschutz: Was wird alles neu bei der Arbeitnehmerkontrolle. In: ArbRAktuell 2010, S. 359.

Raif, Alexander (2010): *(zit.: Raif, ArbRAktuell 2010b)*	„Fragen Sie nach, oder besser nicht?" – Datenschutzrechtliche Änderung im Einstellungsverfahren. In: ArbRAktuell 2010, S. 617.
Raif, Alexander (2010): *(zit.: Raif, AuA Sonderausgabe 2010)*	Gesundheitsdaten im Arbeitsverhältnis. In: AuA Sonderausgabe 2010, S. 34 – 35.
Raif, Alexander/ **Rasmussen-Bonne, Hans-Eric** **(2011):** *(zit.: Raif/Rasmussen-Bonne, GWR 2011)*	Neues beim Beschäftigtendatenschutz – Worauf sich Unternehmen einstellen müssen. In: GWR 2011, S. 80.
Richardi, Reinhard/ **Wißmann, Hellmut/** **Wlotzke, Otfried/** **Oetker, Hartmut (2009):** *(zit.: MüHaAR/Bearb. (2009))*	Münchener Handbuch zum Arbeitsrecht. 2. Auflage. Verlag C.H. Beck, München.
Richardi, Reinhard (2010): *(zit.: Richardi/Bearb. (2010))*	Kommentar zum Betriebsverfassungsgesetz. 12. Auflage. Verlag C.H. Beck, München.
Rolf, Christian/ **Rötting, Michael (2009):** *(zit.: Rolf/Rötting, RDV 2009)*	Google, Facebook & Co als Bewerberdatenbank für Arbeitgeber?. In: RDV 2009, S. 263 – 267.
Rose, Edgar (2011): *(zit.: Rose, DuD 2011)*	Betriebsvereinbarung. In: DuD 2011, S. 136.
Roßnagel, Alexander (2009): *(zit.: Roßnagel, NJW 2009)*	Die Novellen zum Datenschutzrecht – Scoring und Adresshandel. In: NJW 2009, S. 2716 – 2722.
Rüpke, Giselher (1995): *(zit.: Rüpke, ZRP 1995)*	Aspekte zur Entwicklung eines EU-Datenschutzrechts. In: ZRP 1995, S. 185 – 190.

Schaub, Günther/ **Koch, Ulrich (2009):** *(zit.: Schaub/Koch- Bearb. (2009))*	Arbeitsrecht von A-Z. 18. Auflage. Verlag C.H. Beck, München.
Scherer, Joachim (2008): *(zit.: Scherer, MMR 2008)*	Die „Telekom-Affäre": Neue Chance für das Telekommunikationsgeheimnis?. In: MMR 2008, S. 433 – 434.
Schmid, Manfred/ **Appt, Stephan (2010):** *(zit.: Schmid/Appt, AuA Sonderausgabe 2010)*	Was vom Backgroundcheck übrig bleibt. In: AuA 2010 Sonderausgabe, S. 23 – 25.
Schmidt, Bernd (2009): *(zit.: Schmidt, RDV 2009)*	Arbeitnehmerdatenschutz gemäß § 32 BDSG – Eine Neuregelung (fast) ohne Veränderung der Rechtslage. In: RDV 2009, S. 193 – 200.
Schmidt, Bernd (2010): *(zit.: Schmidt, DuD 2010)*	Beschäftigtendatenschutz in § 32 BDSG. In: DuD 2010, S. 207 – 212.
Schmidt, Bernd/ **Jakob, Christian (2011):** *(zit.: Schmidt/Jakob, DuD 2011)*	Die Zulässigkeit IT-gestützter Compliance- und Risikomanagementsysteme nach der BDSG-Novelle. In: DuD 2011, S. 88 – 93.
Schneider, Uwe H. (2010): *(zit.: Schneider, NZG 2010)*	Investigative Maßnahmen und Informationsweitergabe im konzernfreien Unternehmen und im Konzern. In: NZG 2010, S. 1201 – 1207.

Schreier, Michael (2010): *(zit.: Schreier (2010): Online im Internet)*	Arbeitnehmerdatenschutz 2.0. In: http://arbeitgeber.monster.de/ hr/personal-tipps/personalmanagement/ arbeitsrecht/arbeitnehmerdatenschutz-2-0- 67764.aspx (Download 01.06.2011).
Schuler, Karin (2011): *(zit.: Schuler, DuD 2011)*	Gesetz zum Beschäftigtendatenschutz. In: DuD 2011, S. 126 – 128.
Schwark, Eberhard/ **Zimmer, Daniel (2010):** *(zit.: Schwark/Zimmer- Bearb. (2010))*	Kapitalmarktrechts-Kommentar. 4. Auflage. Verlag C.H. Beck, München.
Schwarz, Günther Christian (2003): *(zit.: Schwarz (2003))*	Gesetzliche Schuldverhältnisse. 1. Auflage. Verlag Franz Vahlen, München.
Seifert, Karl-Heinz/ **Hömig, Dieter (2005):** *(zit.: Seifert/Hömig- Bearb. (2005))*	Kommentar zum Grundgesetz. 7. Auflage. Nomos-Verlag, Baden-Baden.
Seifert, Bernd (2011): *(zit.: Seifert, DuD 2011)*	Videoüberwachung im künftigen Beschäftigtendatenschutzrecht. In: DuD 2011, S. 98 – 109.
Simitis, Spiros (1998): *(zit.: Simitis, NJW 1998)*	Datenschutz – Rückschritt oder Neubeginn?. In: NJW 1998, S. 2473 – 2479.
Sozialmediareport (2010): *(zit.: Sozialmediareport (2010): Online im Internet)*	SID/FIT Social Media Report 2010/2011. Aktuelle Untersuchung zur Nutzung von Social Media im Beruf In: http://www.softwareinitiative.de/ studien/SID-FITSocialMediaReport 20102011.pdf (Download 11.06.2011).

Taeger, Jürgen/ **Gabel, Detlev (2010):** *(zit.: Taeger/Gabel- Bearb. (2010))*	Kommentar zum BDSG. 1. Auflage. Verlag Recht und Wirtschaft, Frankfurt am Main.
Tamm, Marina (2011): *(zit.: Tamm, PersV 2011)*	Der jüngste Regierungsentwurf zum Beschäftigtendatenschutz: Alter Wein in neuen Schläuchen oder mehr?. In: PersV 2011, S. 47 – 57.
Timner, Hanno/ **Schreier, Michael (2010):** *(zit.: Timner/Schreier, AuA Sonderausgabe 2010)*	Der neue Beschäftigtendatenschutz. In: AuA Sonderausgabe 2010, S. 4 – 7.
Tinnefeld, Marie-Theres/ **Petri, Thomas/** **Brink, Stefan (2010):** *(zit.: Tinnefeld/Petri/Brink, MMR 2010)*	Aktuelle Fragen um ein Beschäftigtendatenschutzgesetz – Eine erste Analyse und Bewertung. In: MMR 2010, S. 727 – 735.
Tinnefeld, Marie-Theres/ **Petri, Thomas/** **Brink, Stefan (2011):** *(zit.: Tinnefeld/Petri/Brink, MMR 2011)*	Aktuelle Fragen zur Reform des Beschäftigtendatenschutzes – Ein Update. In: MMR 2011, S. 427 – 432.
Tinnefeld, Marie-Theres/ **Beisenherz, Gerhard (2011):** *(zit.: Tinnefeld/Beisenherz, DuD 2011)*	Aspekte der Einwilligung. In: DuD 2011, S. 110 – 115.
Thüsing, Gregor (2009): *(zit.: Thüsing, NZA 2009)*	Datenschutz im Arbeitsverhältnis – Kritische Gedanken zum neuen § 32 BDSG. In: NZA 2009, S. 865 – 870.

Thüsing, Gregor (2010): *(zit.: Thüsing, RDV 2010)*	Licht und Schatten im Entwurf eines neuen Beschäftigtendatenschutzgesetzes. In: RDV 2010, S. 147 – 149.
Thüsing, Gregor (2010): *(zit.: Thüsing (2010))*	Arbeitnehmerdatenschutz und Compliance. 1. Auflage. Verlag C.H. Beck, München.
Thüsing, Gregor (2011): *(zit.: Thüsing, NZA 2011)*	Verbesserungsbedarf beim Beschäftigtendatenschutz. In: NZA 2011, S. 16 – 20.
ULD SH (2010): *(zit.: ULD SH (2010): Online im Internet)*	Unabhängiges Landeszentrum für Datenschutz Schleswig-Holstein – Stellungnahme zum Gesetzesentwurf der Bundesregierung zur Regelung des Beschäftigtendatenschutzes. In: https://www.datenschutzzentrum.de/ arbeitnehmer/20101012-stellungnahme.html (Download 23.06.2011).
Verdi (2010): *(zit.: Verdi (2010): Online im Internet)*	Rückschritt im Beschäftigtendatenschutz. In: http://www.verdi-wir-in-der-rd-nsb.de/aktuelles/ Positionspapier_Datenschutz_15-9-10.pdf (Download 18.06.2011).
Vogelsang, Klaus (1995): *(zit.: Vogelsang, CR 1995)*	Verfassungsregelungen zum Datenschutz. In: CR 1995, S. 554 – 561.
Wank, Rolf (2008): *(zit.: Wank, in: FS Schnapp (2008))*	„Gesetzgebungskunst" im Allgemeinen Gleichbehandlungsgesetz. In: Butzer, Hermann/ Kaltenborn, Markus/ Meyer, Wolfgang, Organisation und Verfahren im sozialen Rechtsstaat, Festschrift für Friedrich E. Schnapp zum 70. Geburtstag, Berlin 2008, S. 839-858.

Wedde, Peter (2009): *(zit.: Wedde, AuR 2009)*	Das Grundrecht auf Vertraulichkeit und Integrität in informationstechnischen Systemen aus arbeitsrechtlicher Sicht. In: AuR 2009, S. 373 – 378.
Weichert, Thilo/ **Wedde, Peter/** **Klebe, Thomas/** **Däubler, Wolfgang (2007):** *(zit.: Weichert et al./Bearb. (2007))*	Kommentar zum Bundesdatenschutzgesetz. 2. Auflage. Bund-Verlag, Frankfurt am Main.
Wente, Jürgen (1984): *(zit.: Wente, NJW 1984)*	Informationelles Selbstbestimmungsrecht und absolute Drittwirkung der Grundrechte. In: NJW 1984, S. 1446 – 1447.
Wohlgemuth, Hans H. (1988): *(zit.: Wohlgemuth (1988))*	Datenschutz für Arbeitnehmer. 2. Auflage. Luchterhand-Verlag, Neuwied.
Wohlgemuth, Hans H. (1996): *(zit.: Wohlgemuth, BB 1996)*	Auswirkungen der EG-Datenschutzrichtlinie auf den Arbeitnehmer-Datenschutz. In: BB 1996, S. 690 – 695.
de Wolf, Abraham (2010): *(zit.: de Wolf, NZA 2010)*	Kollidierende Pflichten: zwischen Schutz von E-Mails und „Compliance" im Unternehmen. In: NZA 2010, S. 1206 – 1211.
Wolf, Klaus (2006): *(zit.: Wolf, DStR 2006)*	Corporate Compliance – ein neues Schlagwort? Ansatzpunkte zur Umsetzung der Compliance in der Finanzberichterstattung. In: DStR 2006, S. 1995 – 2000.
Wybitul, Tim (2009): *(zit.: Wybitul, BB 2009)*	Das neue Bundesdatenschutzgesetz: Verschärfte Regeln für Compliance und interne Ermittlungen. In: BB 2009, S. 1582 – 1585.

Wybitul, Tim (2010): *(zit.: Wybitul, BB 2010)*	Wie viel Arbeitnehmerdatenschutz ist „erforderlich". In: BB 2010, S. 1085 – 1089.
Wybitul, Tim (2011): *(zit.: Wybitul, MMR-Aktuell 2011)*	Bundestag: Streit um den neuen Beschäftigtendatenschutz. In: MMR-Aktuell 2011, 315091.
Wybitul, Tim (2011): *(zit.: Wybitul (2011))*	Handbuch Datenschutz im Unternehmen. 1. Auflage. Verlag Recht und Wirtschaft, Frankfurt am Main.

V. Anhangsverzeichnis

Anhang 1:   Leitfaden

Anhang 2:   Gesetzesentwurf (Stand: 15.12.2010)

Leitfaden

– Handlungsempfehlungen und Umsetzungsvorschläge für die Unternehmen in der Praxis –

Problemfeld	Empfehlungen für die Praxis
1. Einwilligung	➢ Die Unternehmen sollten zunächst überprüfen, in welchen Bereichen Einwilligungen zur Erhebung, Verarbeitung oder Nutzung von Beschäftigtendaten derzeit zum Einsatz kommen. Der Gebrauch in den nunmehr unzulässigen Bereichen ist zukünftig einzustellen.
	➢ Es sollten Verfahren zur Gewährleistung der Freiwilligkeit im Unternehmen implementiert werden.
2. Betriebsvereinbarung	➢ Die Unternehmen müssen sich darauf einstellen, sämtliche Betriebsvereinbarungen dahingehend zu überprüfen, ob sie von den gesetzlichen Neuregelungen auf irgendeine Art und Weise abweichen. Anschließend hat eine zeitnahe Anpassung der Vereinbarungen an die künftige Rechtslage durch die Betriebsparteien zu erfolgen. (Keine Übergangsvorschriften)
	➢ Datenschutzbeauftragten oder andere Beschäftigte sollten in Hinsicht auf die Neuregelungen des Beschäftigtendatenschutzes geschult werden, um diese Überprüfungen überhaupt vornehmen zu können. Eventuell ist sogar zu empfehlen, auf externe Fachanwälte zurückzugreifen.
3. Fragerecht des Arbeitgebers	➢ Zu empfehlen wäre die die Aufstellung eines Leitfadens. In diesem sollte festgehalten sein, was für Fragen unter welchen Umständen als zulässig zu erachten sind und welche Fragen grundsätzlich verboten sind.
	➢ Für die einzelnen Positionen im Unternehmen sollten bereits im Vorfeld die Eigenschaften festgelegt werden, die eine wesentliche und entscheidende Voraussetzung für die jeweilige Stelle darstellen, damit ersichtlich wird, welche Fragen in Anlehnung an § 32 BDSG-E zukünftig überhaupt gestellt werden dürfen.

	➢ Um die Pflicht zur Beschäftigung schwerbehinderter oder gleichgestellter Menschen nach § 71 SGB IX besser erfüllen zu können, bietet es sich zudem an in der Stellenausschreibung einen Hinweis aufzunehmen, dass solche Bewerber bei der Stellenbesetzung eine Bevorzugung erfahren.
	➢ Nichtsdestotrotz sollten die Unternehmen darauf achten, dass die Bewerbungsgespräche aus Angst vor unzulässigen Fragen zukünftig nicht allzu unpersönlich und nur noch standardisiert ablaufen.
4. Einstellungsuntersuchungen und Eignungstests	➢ Den Unternehmen ist zu empfehlen, künftig möglichst präzise und zweckmäßige Anforderungen im Stellenprofil einer jeweiligen Tätigkeit zu formulieren, um damit entsprechende Einstellungsuntersuchungen oder Eignungstests auch rechtfertigen zu können.
	➢ Da die Vorschriften auch für künftige Tätigkeiten gelten, sollten die Unternehmen frühzeitig planen, welche möglichen Positionen der eingestellte Kandidat künftig ausfüllen könnte, damit bereits im Zuge des Bewerbungsverfahrens etwaige Testreihen für diese Tätigkeiten anberaumt werden können.
	➢ Es wäre außerdem zu empfehlen, sowohl den Bewerbern als auch den gegenwärtig beschäftigten Arbeitnehmern im Rahmen ihrer Einwilligungserklärung die Möglichkeit zu eröffnen, auf die Mitteilung der Ergebnisse verzichten zu können, damit sie ihr Recht auf Nichtwissen über die gesundheitliche Disposition auch wahrnehmen können.
	➢ Um des Weiteren der Aufklärungspflicht in Bezug auf Einwilligungen in § 32a I 2 BDSG-E entsprechend nachkommen zu können, sollten bereits im Zuge der Ausarbeitung des Stellenprofils adäquate Informationsschreiben vorbereitet werden, die den Bewerber sowie die aktuell Beschäftigten über die Art und den Umfang der notwendigen Untersuchungen und Tests aufklären.
	➢ Daneben sollten ebenfalls für die Einwilligungserklärungen sowie die Mitteilung der Testergebnisse, sofern die Eignungstests selbst vorgenommen wurden, etwaige Formulare vorbereitet werden.
	➢ Die gegenwärtig eingesetzten Eignungstests sind dahingehend zu kontrollieren, ob es dazu wissenschaftlich anerkannte Methoden gibt und dann entweder anzupassen oder völlig neu zu gestalten. Im letzteren Fall sollte jedoch von Anfang an dokumentiert werden, dass diese Tests selbst entwickelt worden sind, um dies später problemlos nachweisen zu können.

	∧	Zurückhaltender sollte den routinemäßigen Alkohol- und Drogentests begegnet werden. Diese sind nach derzeitigem Stand des Regierungsentwurfs (noch) unzulässig. Daher ist anzuraten, von der Planung zukünftiger Tests bis zu einer diesbezüglichen Klarstellung des Gesetzgebers oder der Gerichte Abstand zu nehmen.
5. Backgroundchecks und Soziale Netzwerke	∧	Damit Unternehmen künftig rechtssicher personenbezogene Daten über ihre Bewerber aus allgemein zugänglichen Quellen erheben können, sollten sie in allen ihren Stellenausschreibungen einen Hinweis hierzu aufnehmen. Eine Beispielformulierung wäre etwa: „Wir weisen darauf hin, dass wir uns über Bewerber auch in allgemein zugänglichen Quellen, wie Zeitungen, Rundfunk und Internet, informieren."
	∧	Darüber hinaus ist den Unternehmen nahezulegen, in Bezug auf die verbotene Recherche in freizeitorientierten Sozialen Netzwerken ihre dortigen Aktivitäten unter etwaigen Fantasienamen oder Pseudonymen einzustellen. Damit verstoßen sie nicht mehr nur gegen die AGB der Verwender, sondern künftig auch gegen Gesetzesrecht.
	∧	Sie sollten sich daher im Rahmen des Background-Checks ausschließlich mit solchen Daten aus diesen Netzwerken begnügen, die sie frei durch Suchmaschinen einsehen können. Kann sich ein Unternehmen jedoch nicht von dieser Möglichkeit der Datenerhebung lossagen, so sollte es eine Einwilligung des jeweiligen Bewerbers gem. § 32 VI 4 BDSG-E einholen. Dementsprechend bietet es sich an bereits entsprechende Einwilligungsformulare vorzubereiten.
	∧	Beachte: Durch ein Einwilligung wird keine universelle Erhebungserlaubnis erteilt. Sie legitimiert lediglich die Datenerhebung bei einem genau bestimmten Dritten und ist inhaltlich durch die Regelungen zum Fragerecht des Arbeitgebers aus den §§ 32 I-V sowie § 32a BDSG-E begrenzt.
6. Compliance-Maßnahmen	∧	Um sich vor etwaigen Sanktionen zu schützen, sollten die Unternehmen ihre bisherigen verdeckten Datenerhebungen dahingehend prüfen, ob sie den Voraussetzungen des neuen § 32d II BDSG-E entsprechen und diese notfalls durch entsprechende Änderungen mit den Neuregelungen in Einklang gebracht werden können. Dabei sind insbesondere die Beschränkungen zum zeitlichen Ausmaß in § 32e IV Nr.1 BDSG-E zu beachten.

	➤ Etwaige präventive Datenerhebungen, die keinen Bezug zu bereits begangenen Straftaten aufweisen, eingestellt werden, da sie künftig unzulässig sind.
	➤ Zwar sind anlasslose und verdachtsfreie Datenscreenings nach dem Gesetzesentwurf grundsätzlich gestattet, diese sollten in der Praxis jedoch nicht willkürlich und ausufernd vorbereitet bzw. eingesetzt werden.
	➤ In Bezug auf die Klassifizierung potenzieller Verdachtsfälle sollten zur datenschutzrechtlichen Absicherung einer Screening-Maßnahme innerbetriebliche Kontrollinstanzen im Unternehmen installiert werden.
	➤ Zur Wahrung der erweiterten Dokumentationspflichten sollten entsprechende Vorlagen ausgearbeitet werden. Daneben sollten ebenfalls Musterschreiben angefertigt werden, um den neu geschaffenen Unterrichtungspflichten entsprechend begegnen zu können.
7. Videoüberwachung	➤ Es sollten Hinweisschilder an jedem Eingang zu den videoüberwachten Räumen zu finden sein und zudem über eine eindeutige und ausführliche Aufschrift verfügen. Diese könnte folgende sein: „Wir weisen Sie darauf hin, dass Sie sich hier in einer Betriebsstätte befinden, die mittels optisch-elektronischer Einrichtungen (Videoüberwachung) nach § 32f BDSG beobachtet wird."
	➤ In Bezug auf den zulässigen Überwachungszweck der Qualitätskontrolle sollten die Unternehmen keine Kontrollen der Arbeitsqualität ihrer Beschäftigten vornehmen, da dieser Aspekt wohl nicht hierunter zu subsumieren ist.
	➤ Des Weiteren ist zu empfehlen entsprechende Informationsschreiben vorzubereiten, um den vorgeschriebenen Informationspflichten gem. § 32f I 3 BDSG-E i.V.m. §§ 6b IV, 19a, 33 BDSG nachzukommen. Dabei ist zu beachten, dass nunmehr auch jeder Dritte zu informieren ist.
	➤ Sollte ein Unternehmen seine Beschäftigten bisher durch den Einsatz von Attrappen abschrecken wollen, so sollte es diese Verfahrensweise künftig einstellen oder dafür Sorge tragen, dass es die Voraussetzungen für eine wirkliche Überwachung auch erfüllt.
	➤ Videobeobachtungen der Teile von Betriebsstätten, die überwiegend der privaten Lebensgestaltung dienen, sind einzustellen.
	➤ Ebenso verhält es sich mit heimlichen Videoüberwachungen.

8. Telefon, Internet, E-Mail	➤ Es ist zu empfehlen Muster für die einzelnen Informationsschreiben vorzubereiten. Diese müssen jedoch individuell ausformuliert werden, da eine Unterrichtung grundsätzlich vor jeder einzelnen Maßnahme zu erfolgen hat. Lediglich bei der Informationspflicht des § 32i II 2 BDSG-E genügt ein pauschales Informationsschreiben, in dem allgemein darauf hingewiesen wird, dass in einem bestimmten Zeitraum mit einer Kontrolle zu rechnen ist. Ebenso sollten Formulare für etwaige Einwilligungserklärungen seitens der Kommunikationspartner in den Fällen der §§ 32i II 1, 2 Nr. 2 BDSG-E angefertigt werden. ➤ Weiterhin ist den Unternehmen zu empfehlen, bei einer stichprobenartigen oder anlassbezogenen Inhaltskontrolle nach § 32i II 2 BDSG-E bereits im Vorfeld zu dokumentieren, warum bei der kontrollierten Tätigkeit die telefonische Dienstleistung der wesentliche Inhalt der geschuldeten Arbeitsleistung ist. Damit wäre man frühzeitig für eventuelle Klagen der Beschäftigten gerüstet. ➤ Nach § 32i III 2 BDSG-E ist ein Arbeitgeber künftig legitimiert, auf den PC eines Arbeitnehmers zuzugreifen, wenn dieser länger ausfällt oder versetzt wird. Den Unternehmen ist jedoch anzuraten, dieses Recht nicht grenzenlos in Anspruch zu nehmen, sondern nur einem oder zwei Kollegen durch entsprechende Vertretungsregelungen einzuräumen. ➤ Für die Praxis wird den Unternehmen überdies empfohlen, eine verbindliche Regelung zur Privatnutzung der Telekommunikationsdienste in Form von Individual- oder Rahmenvereinbarungen zu treffen, damit potenzielle Rechtsstreitigkeiten zwischen Arbeitgebern und Beschäftigten von vornherein verhindert werden können.

Entwurf eines Gesetzes zur Regelung des Beschäftigtendatenschutzes

Vom ...

Der Bundestag hat das folgende Gesetz beschlossen:

Artikel 1

Änderung des Bundesdatenschutzgesetzes

Das Bundesdatenschutzgesetz in der Fassung der Bekanntmachung vom 14. Januar 2003 (BGBl. I S. 66), das zuletzt durch Artikel 1 des Gesetzes vom 14. August 2009 (BGBl. I S. 2814) geändert worden ist, wird wie folgt geändert:

1. Die Inhaltsübersicht wird wie folgt geändert:

   a) Nach der Angabe zu § 31 wird folgende Angabe eingefügt:

      „Zweiter Unterabschnitt
      Datenerhebung, -verarbeitung und -nutzung
      für Zwecke des Beschäftigungsverhältnisses".

   b) Die Angabe zu § 32 wird durch die folgenden Angaben ersetzt:

      „§ 32   Datenerhebung vor Begründung eines Beschäftigungsverhältnisses

      § 32a   Ärztliche Untersuchungen und Eignungstests vor Begründung eines Beschäftigungsverhältnisses

      § 32b   Datenverarbeitung und -nutzung vor Begründung eines Beschäftigungsverhältnisses

      § 32c   Datenerhebung im Beschäftigungsverhältnis

      § 32d   Datenverarbeitung und -nutzung im Beschäftigungsverhältnis

      § 32e   Datenerhebung ohne Kenntnis des Beschäftigten zur Aufdeckung und Verhinderung von Straftaten und anderen schwerwiegenden Pflichtverletzungen im Beschäftigungsverhältnis

      § 32f   Beobachtung nicht öffentlich zugänglicher Betriebsstätten mit optisch-elektronischen Einrichtungen

      § 32g   Ortungssysteme

      § 32h   Biometrische Verfahren

      § 32i   Nutzung von Telekommunikationsdiensten

      § 32j   Unterrichtungspflichten

      § 32k   Änderungen

      § 32l   Einwilligung, Geltung für Dritte, Rechte der Interessenvertretungen, Beschwerderecht, Unabdingbarkeit".

   c) Nach der Angabe zu § 32l wird die Angabe zum bisherigen zweiten Unterabschnitt wie folgt gefasst:

      „Dritter Unterabschnitt
      Rechte des Betroffenen".

   d) Nach der Angabe zu § 35 wird die Angabe zum bisherigen dritten Unterabschnitt wie folgt gefasst:

      „Vierter Unterabschnitt
      Aufsichtsbehörde".

2. Dem § 3 werden die folgenden Absätze 12 und 13 angefügt:

   „(12) Beschäftigtendaten sind personenbezogene Daten von Beschäftigten.

   (13) Arbeitgeber sind öffentliche und nicht öffentliche Stellen, die

   1. Personen nach Absatz 11 beschäftigen oder beschäftigten oder

   2. beabsichtigen, Personen nach Absatz 11 zu beschäftigen.

   Bei in Heimarbeit Beschäftigten und ihnen Gleichgestellten sind Arbeitgeber die Auftraggeber oder Zwischenmeister im Sinne des Heimarbeitsgesetzes, bei Beschäftigten, die Dritten zur Arbeitsleistung überlassen werden, auch die Dritten."

3. Dem § 4 Absatz 1 wird folgender Satz angefügt:

   „Andere Rechtsvorschriften im Sinne dieses Gesetzes sind auch Betriebs- und Dienstvereinbarungen."

4. In § 12 Absatz 4 werden die Wörter „§ 28 Absatz 2 Nummer 2 und die §§ 32 bis 35" durch die Wörter „die §§ 32 bis 34 Absatz 1 Satz 1 und 2, § 34 Absatz 6 bis 8 Satz 1 und § 35" ersetzt.

5. Dem § 27 wird folgender Absatz 3 angefügt:

   „(3) Für das Erheben, Verarbeiten und Nutzen von Beschäftigtendaten durch den Arbeitgeber für Zwecke eines früheren, bestehenden oder zukünftigen Beschäftigungsverhältnisses gelten die Vorschriften des zweiten, dritten und vierten Unterabschnitts. Satz 1 gilt auch, wenn Beschäftigtendaten erhoben, verarbeitet oder genutzt werden, ohne dass sie automatisiert verarbeitet oder in oder aus einer nicht automatisierten Datei verarbeitet, genutzt oder für die Verarbeitung oder Nutzung in einer solchen Datei erhoben werden."

6. Nach § 31 wird folgende Überschrift eingefügt:

   „Zweiter Unterabschnitt
   Datenerhebung, -verarbeitung und -nutzung
   für Zwecke des Beschäftigungsverhältnisses".

7. § 32 wird durch die folgenden §§ 32 bis 32l ersetzt:

„§ 32
Datenerhebung vor Begründung
eines Beschäftigungsverhältnisses

(1) Der Arbeitgeber darf den Namen, die Anschrift, die Telefonnummer und die Adresse der elektronischen Post eines Beschäftigten im Sinne des § 3 Absatz 11 Nummer 7 erste Alternative vor Begründung eines Beschäftigungsverhältnisses erheben. Weitere personenbezogene Daten darf er erheben, soweit die Kenntnis dieser Daten erforderlich ist, um die Eignung des Beschäftigten für die vorgesehenen Tätigkeiten festzustellen. Er darf zu diesem Zweck insbesondere Daten über die fachlichen und persönlichen Fähigkeiten, Kenntnisse und Erfahrungen sowie über die Ausbildung und den bisherigen beruflichen Werdegang des Beschäftigten erheben.

(2) Daten eines Beschäftigten über die rassische und ethnische Herkunft, die Religion oder Weltanschauung, eine Behinderung, die sexuelle Identität, die Gesundheit, die Vermögensverhältnisse, Vorstrafen oder laufende Ermittlungsverfahren dürfen nur unter den Voraussetzungen erhoben werden, unter denen nach § 8 Absatz 1 des Allgemeinen Gleichbehandlungsgesetzes eine unterschiedliche Behandlung zulässig ist. Die Vorschriften des Bundeszentralregistergesetzes bleiben unberührt.

(3) Der Arbeitgeber darf von dem Beschäftigten keine Auskunft darüber verlangen, ob eine Schwerbehinderung oder Gleichstellung mit einer Schwerbehinderung nach § 68 des Neunten Buches Sozialgesetzbuch vorliegt.

(4) Soll eine Beschäftigung bei einer Religionsgemeinschaft, einer ihr zugeordneten Einrichtung oder bei einer Vereinigung erfolgen, die sich die gemeinschaftliche Pflege einer Religion oder Weltanschauung zur Aufgabe gemacht hat, darf der Arbeitgeber auch Daten über die religiöse Überzeugung, die Religionszugehörigkeit oder die Weltanschauung des Beschäftigten erheben, wenn die religiöse Überzeugung, die Religionszugehörigkeit oder die Weltanschauung unter Beachtung des Selbstverständnisses der jeweiligen Religionsgemeinschaft oder Vereinigung im Hinblick auf ihr Selbstbestimmungsrecht oder nach der Art der Tätigkeit eine gerechtfertigte berufliche Anforderung darstellt.

(5) Ein Arbeitgeber, dessen Tätigkeit unmittelbar und überwiegend politisch oder koalitionspolitisch ausgerichtet ist oder der Zwecke der Berichterstattung oder Meinungsäußerung verfolgt, auf die Artikel 5 Absatz 1 Satz 2 des Grundgesetzes anzuwenden ist, darf auch Daten über die politische Meinung und Gewerkschaftszugehörigkeit des Beschäftigten erheben, soweit die politische Meinung oder die Gewerkschaftszugehörigkeit im Hinblick auf die Ausrichtung des Arbeitgebers und der Art der Tätigkeit eine gerechtfertigte berufliche Anforderung darstellt. Ein Arbeitgeber, dessen Tätigkeit Zwecke der Berichterstattung oder Meinungsäußerung verfolgt, auf die Artikel 5 Absatz 1 Satz 2 des Grundgesetzes anzuwenden ist, darf Daten über die religiöse Überzeugung, die Religionszugehörigkeit oder die Weltanschauung des Beschäftigten erheben, soweit die religiöse Überzeugung, die Religionszugehörigkeit oder die Weltanschauung wegen der Art der auszuübenden Tätigkeit oder der Bedingungen ihrer Ausübung eine wesentliche und entscheidende berufliche Anforderung darstellt.

(6) Beschäftigtendaten sind unmittelbar bei dem Beschäftigten zu erheben. Wenn der Arbeitgeber den Beschäftigten vor der Erhebung hierauf hingewiesen hat, darf der Arbeitgeber allgemein zugängliche Daten ohne Mitwirkung des Beschäftigten erheben, es sei denn, dass das schutzwürdige Interesse des Beschäftigten an dem Ausschluss der Erhebung das berechtigte Interesse des Arbeitgebers überwiegt. Bei Daten aus sozialen Netzwerken, die der elektronischen Kommunikation dienen, überwiegt das schutzwürdige Interesse des Beschäftigten; dies gilt nicht für soziale Netzwerke, die zur Darstellung der beruflichen Qualifikation ihrer Mitglieder bestimmt sind. Mit Einwilligung des Beschäftigten darf der Arbeitgeber auch bei sonstigen Dritten personenbezogene Daten des Beschäftigten erheben; dem Beschäftigten ist auf Verlangen über den Inhalt der erhobenen Daten Auskunft zu erteilen. Die Absätze 1 bis 5 sowie § 32a bleiben unberührt.

(7) Die Datenerhebung ist nur zulässig, wenn Art und Ausmaß im Hinblick auf den Zweck verhältnismäßig sind.

§ 32a
Ärztliche Untersuchungen und Eignungstests
vor Begründung eines Beschäftigungsverhältnisses

(1) Der Arbeitgeber darf die Begründung des Beschäftigungsverhältnisses von einer ärztlichen Untersuchung abhängig machen, wenn und soweit die Erfüllung bestimmter gesundheitlicher Voraussetzungen wegen der Art der auszuübenden Tätigkeit oder der Bedingungen ihrer Ausübung eine wesentliche und entscheidende berufliche Anforderung zum Zeitpunkt der Arbeitsaufnahme darstellt. Der Beschäftigte muss in die Untersuchung nach Aufklärung über deren Art und Umfang sowie in die Weitergabe des Untersuchungsergebnisses an den Arbeitgeber eingewilligt haben. Dem Beschäftigten ist das vollständige Untersuchungsergebnis mitzuteilen. Dem Arbeitgeber darf nur mitgeteilt werden, ob der Beschäftigte nach dem Untersuchungsergebnis für die vorgesehenen Tätigkeiten geeignet ist.

(2) Der Arbeitgeber darf die Begründung des Beschäftigungsverhältnisses von einer sonstigen Untersuchung oder Prüfung abhängig machen, wenn die Untersuchung oder Prüfung wegen der Art der auszuübenden Tätigkeit oder der Bedingungen ihrer Ausübung erforderlich ist, um festzustellen, ob der Beschäftigte zum Zeitpunkt der Arbeitsaufnahme für die vorgesehenen Tätigkeiten geeignet ist (Eignungstest). Der Beschäftigte muss in den Eignungstest nach Aufklärung über dessen Art und Umfang sowie in die Weitergabe des Ergebnisses des Eignungstests an den Arbeitgeber eingewilligt haben. Der Eignungstest ist nach wissenschaftlich anerkannten Methoden durchzuführen, sofern solche bestehen. Dem Beschäftigten ist das Ergebnis des Eignungstests mitzuteilen. Sind Eignungstests ganz oder teilweise durch Personen durchzuführen, die einer beruflichen Schweigepflicht unterliegen, darf dem Arbeitgeber insoweit nur mitgeteilt werden, ob der Beschäftigte nach dem Ergebnis des Eignungstests für die vorgesehenen Tätigkeiten geeignet ist.

§ 32b
Datenverarbeitung und -nutzung
vor Begründung eines Beschäftigungsverhältnisses

(1) Der Arbeitgeber darf Beschäftigtendaten, die er nach § 32 oder 32a erhoben hat, verarbeiten und nutzen, soweit dies erforderlich ist, um die Eignung des Beschäftigten für die vorgesehenen Tätigkeiten festzustellen oder um über die Begründung des Beschäftigungsverhältnisses zu entscheiden.

(2) Beschäftigtendaten, die der Arbeitgeber ohne Datenerhebung nach § 32 oder 32a erhalten hat, darf er nur verarbeiten und nutzen, soweit

1. dies erforderlich ist, um die Eignung des Beschäftigten für die vorgesehenen Tätigkeiten festzustellen oder um über die Begründung des Beschäftigungsverhältnisses zu entscheiden, und

2. er diese Daten nach § 32 oder 32a hätte erheben dürfen.

Satz 1 Nummer 2 gilt nicht, wenn der Beschäftigte die Daten dem Arbeitgeber übermittelt hat, ohne dass der Arbeitgeber hierzu Veranlassung gegeben hat.

(3) Steht fest, dass ein Beschäftigungsverhältnis nicht begründet wird, sind die Beschäftigtendaten gemäß § 35 Absatz 2 Satz 2 zu löschen, es sei denn, dass der Beschäftigte in die weitere Speicherung eingewilligt hat.

§ 32c
Datenerhebung im Beschäftigungsverhältnis

(1) Beschäftigtendaten dürfen vorbehaltlich der §§ 32e bis 32i erhoben werden, wenn dies für die Durchführung, Beendigung oder Abwicklung des Beschäftigungsverhältnisses erforderlich ist. Dies ist insbesondere der Fall, soweit die Kenntnis dieser Daten für den Arbeitgeber erforderlich ist, um

1. gesetzliche oder auf Grund eines Gesetzes bestehende Erhebungs-, Melde-, Auskunfts-, Offenlegungs- oder Zahlungspflichten zu erfüllen,

2. die gegenüber dem Beschäftigten bestehenden Pflichten zu erfüllen oder

3. die gegenüber dem Beschäftigten bestehenden Rechte des Arbeitgebers einschließlich der Leistungs- und Verhaltenskontrolle wahrzunehmen.

§ 32 Absatz 2 Satz 2 und Absatz 6 gilt entsprechend.

(2) § 32 Absatz 2 bis 5 gilt entsprechend für die Feststellung, ob der Beschäftigte fachlich geeignet ist, eine andere oder veränderte Tätigkeit aufzunehmen oder an einen anderen Arbeitsplatz zu wechseln.

(3) Der Arbeitgeber darf von einem Beschäftigten die Teilnahme an einer ärztlichen Untersuchung nach Maßgabe des § 32a Absatz 1 sowie die Teilnahme an einem Eignungstest nach Maßgabe des § 32a Absatz 2 verlangen, soweit dies erforderlich ist, um die Eignung des Beschäftigten zu überprüfen, wenn

1. tatsächliche Anhaltspunkte vorliegen, die Zweifel an der fortdauernden Eignung des Beschäftigten begründen, oder

2. ein Wechsel seiner Tätigkeit oder seines Arbeitsplatzes beabsichtigt ist.

(4) Die Datenerhebung ist nur zulässig, soweit Art und Ausmaß im Hinblick auf den Zweck verhältnismäßig sind.

§ 32d
Datenverarbeitung und -nutzung
im Beschäftigungsverhältnis

(1) Der Arbeitgeber darf Beschäftigtendaten verarbeiten und nutzen, soweit

1. sie nach § 32, 32a oder 32c erhoben worden sind,

2. dies erforderlich ist zur Erfüllung der Zwecke, für die die Daten erhoben worden sind oder zur Erfüllung anderer Zwecke, für die der Arbeitgeber sie nach den Vorschriften dieses Unterabschnitts hätte erheben dürfen, und

3. dies nach Art und Ausmaß im Hinblick auf den Zweck verhältnismäßig ist.

(2) Beschäftigtendaten, die der Arbeitgeber ohne Datenerhebung nach § 32, 32a oder 32c erhalten hat, darf er nur verarbeiten und nutzen, soweit

1. dies für die Durchführung, Beendigung oder Abwicklung des Beschäftigungsverhältnisses erforderlich und nach Art und Ausmaß im Hinblick auf den Zweck verhältnismäßig ist und

2. er sie nach den § 32, 32a oder 32c hätte erheben dürfen.

(3) Der Arbeitgeber darf zur Aufdeckung von Straftaten oder anderen schwerwiegenden Pflichtverletzungen durch Beschäftigte im Beschäftigungsverhältnis, insbesondere zur Aufdeckung von Straftaten nach den §§ 266, 299, 331 bis 334 des Strafgesetzbuchs, einen automatisierten Abgleich von Beschäftigtendaten in anonymisierter oder pseudonymisierter Form mit von ihm geführten Dateien durchführen. Ergibt sich ein Verdachtsfall, dürfen die Daten personalisiert werden. Der Arbeitgeber hat die näheren Umstände, die ihn zu einem Abgleich nach Satz 1 veranlassen, zu dokumentieren. Die Beschäftigten sind über Inhalt, Umfang und Zweck des automatisierten Abgleichs zu unterrichten, sobald der Zweck durch die Unterrichtung nicht mehr gefährdet wird.

(4) Ein Dritter, an den Beschäftigtendaten übermittelt worden sind, darf diese nur für den Zweck verarbeiten und nutzen, zu dessen Erfüllung sie ihm übermittelt wurden. Der Arbeitgeber hat ihn darauf hinzuweisen.

(5) Der Arbeitgeber darf die nach § 32 Absatz 1 bis 6 sowie nach den §§ 32a und 32c Absatz 1 bis 3 erhobenen Beschäftigtendaten nicht in einer Weise verarbeiten und nutzen, dass sie durch die automatisierte Zusammenführung einzelner Lebens- und Personaldaten ein Gesamtbild der wesentlichen geistigen und charakterlichen Eigenschaften oder des Gesundheitszustandes des Beschäftigten ergeben.

§ 32e
Datenerhebung ohne Kenntnis des Beschäftigten zur Aufdeckung und Verhinderung von Straftaten und anderen schwerwiegenden Pflichtverletzungen im Beschäftigungsverhältnis

(1) Der Arbeitgeber darf Beschäftigtendaten nur mit Kenntnis des Beschäftigten erheben.

(2) Der Arbeitgeber darf Beschäftigtendaten ohne Kenntnis des Beschäftigten nur erheben, wenn

1. Tatsachen den Verdacht begründen, dass der Beschäftigte im Beschäftigungsverhältnis eine Straftat oder eine andere schwerwiegende Pflichtverletzung begangen hat, die den Arbeitgeber bei einem Arbeitnehmer zu einer Kündigung aus wichtigem Grund berechtigen würde, und

2. die Erhebung erforderlich ist, um

die Straftat oder die andere schwerwiegende Pflichtverletzung aufzudecken oder um damit im Zusammenhang stehende weitere Straftaten oder schwerwiegende Pflichtverletzungen des Beschäftigten zu verhindern.

(3) Die Erhebung nach Absatz 2 muss nach Art und Ausmaß im Hinblick auf den Anlass verhältnismäßig sein. Sie ist nur zulässig, wenn die Erforschung des Sachverhalts auf andere Weise erschwert oder weniger erfolgversprechend wäre. Die Erhebung ist abzubrechen, wenn der Zweck nicht zu erreichen ist; sie ist zu unterbrechen, wenn der Zweck nur vorübergehend nicht zu erreichen ist. Die Dauer ist auf das Unerlässliche zu beschränken.

(4) In den Fällen des Absatzes 2 ist die Erhebung von Beschäftigtendaten unzulässig, wenn sie erfolgt mit Hilfe

1. einer planmäßig angelegten Beobachtung, die länger als 24 Stunden ohne Unterbrechung oder an mehr als vier Tagen stattfinden soll,

2. technischer Mittel zum Abhören oder Aufzeichnen des nicht öffentlich gesprochenen Wortes oder

3. sonstiger besonderer technischer Mittel, die für Beobachtungszwecke bestimmt sind.

Satz 1 Nummer 3 gilt nicht für den Einsatz von Ferngläsern und Fotoapparaten.

(5) Der Arbeitgeber darf die nach Absatz 2 erhobenen Daten nur für die Zwecke, für die sie erhoben wurden, verarbeiten und nutzen. Die den Verdacht begründenden Tatsachen sind vor der Datenerhebung zu dokumentieren. Die näheren Umstände der Datenerhebung nach den Absätzen 2 bis 4 sind unverzüglich nach der Datenerhebung zu dokumentieren. § 4d Absatz 5 ist anzuwenden. Der Beschäftigte ist über die Erhebung, Verarbeitung oder Nutzung zu unterrichten, sobald deren Zweck durch die Unterrichtung nicht mehr gefährdet wird.

(6) Die Daten sind unverzüglich zu löschen, wenn sie zur Erreichung des Zwecks nicht mehr erforderlich sind oder schutzwürdige Interessen des Beschäftigten einer weiteren Speicherung entgegenstehen. Der Grund der Speicherung der Daten und die Löschung sind zu dokumentieren. Die Dokumentation darf ausschließlich für Zwecke der Datenschutzkontrolle verwendet werden. Die Dokumentation ist zu löschen, wenn sie für diese Zwecke nicht mehr erforderlich ist, spätestens jedoch am Ende des Kalenderjahres, das dem Jahr der Dokumentation folgt.

(7) Daten, die den Kernbereich privater Lebensgestaltung betreffen, darf der Arbeitgeber nicht erheben, verarbeiten oder nutzen. Wurden solche Daten entgegen Satz 1 gespeichert, sind sie unverzüglich zu löschen. Absatz 6 Satz 2 bis 4 ist entsprechend anzuwenden.

§ 32f
Beobachtung nicht öffentlich zugänglicher Betriebsstätten mit optisch-elektronischen Einrichtungen

(1) Die Beobachtung nicht öffentlich zugänglicher Betriebsgelände, Betriebsgebäude oder Betriebsräume (Betriebsstätten) mit optisch-elektronischen Einrichtungen (Videoüberwachung), die auch zur Erhebung von Beschäftigtendaten geeignet ist, ist nur zulässig

1. zur Zutrittskontrolle,

2. zur Wahrnehmung des Hausrechts,

3. zum Schutz des Eigentums,

4. zur Sicherheit des Beschäftigten,

5. zur Sicherung von Anlagen,

6. zur Abwehr von Gefahren für die Sicherheit des Betriebes,

7. zur Qualitätskontrolle,

soweit sie zur Wahrung wichtiger betrieblicher Interessen erforderlich ist und wenn nach Art und Ausmaß der Videoüberwachung keine Anhaltspunkte dafür bestehen, dass schutzwürdige Interessen der Betroffenen am Ausschluss der Datenerhebung überwiegen. Der Arbeitgeber hat den Umstand der Videoüberwachung durch geeignete Maßnahmen erkennbar zu machen. § 6b Absatz 3 und 4 gilt entsprechend. Die Sätze 1 und 2 gelten entsprechend, wenn von einer Einrichtung lediglich der Anschein einer Videoüberwachung ausgeht.

(2) Eine Videoüberwachung von Teilen von Betriebsstätten, die überwiegend der privaten Lebensgestaltung des Beschäftigten dienen, ist unzulässig. Dies gilt insbesondere für Sanitär-, Umkleide- und Schlafräume.

(3) Die Daten sind unverzüglich zu löschen, wenn sie zur Erreichung des Speicherungszwecks nicht mehr erforderlich sind oder schutzwürdige Interessen des Beschäftigten einer weiteren Speicherung entgegenstehen.

§ 32g
Ortungssysteme

(1) Der Arbeitgeber darf Beschäftigtendaten durch elektronische Einrichtungen zur Bestimmung eines geografischen Standortes (Ortungssysteme) nur erheben, verarbeiten und nutzen, soweit dies aus betrieblichen Gründen erforderlich ist,

1. zur Sicherheit des Beschäftigten oder

2. zur Koordinierung des Einsatzes des Beschäftigten

und wenn keine Anhaltspunkte bestehen, dass schutzwürdige Interessen des Beschäftigten am Ausschluss der

Datenerhebung, -verarbeitung oder -nutzung überwiegen. Eine Erhebung nach Satz 1 darf nur während der Arbeitszeit des Beschäftigten erfolgen. Der Arbeitgeber hat den Einsatz des Ortungssystems durch geeignete Maßnahmen für den Beschäftigten erkennbar zu machen und ihn über den Umfang der Aufzeichnungen und deren regelmäßige oder im Einzelfall vorgesehene Auswertung zu informieren. Beschäftigtendaten, die beim Einsatz von Ortungssystemen erhoben werden, dürfen nicht zu anderen Zwecken als nach Satz 1 verarbeitet oder genutzt werden.

(2) Der Arbeitgeber darf Ortungssysteme auch zum Schutz beweglicher Sachen einsetzen. In diesem Fall darf eine Ortung des Beschäftigten nicht erfolgen, solange der Beschäftigte die bewegliche Sache erlaubterweise nutzt oder diese sich erlaubterweise in seiner Obhut befindet.

(3) Die Daten sind unverzüglich zu löschen, wenn sie zur Erreichung des Zwecks der Speicherung nicht mehr erforderlich sind oder schutzwürdige Interessen des Beschäftigten einer weiteren Speicherung entgegenstehen.

§ 32h
Biometrische Verfahren

(1) Der Arbeitgeber darf biometrische Merkmale eines Beschäftigten nur erheben, verarbeiten und nutzen, soweit dies aus betrieblichen Gründen zu Autorisierungs- und Authentifikationszwecken erforderlich ist und keine schutzwürdigen Interessen des Beschäftigten am Ausschluss der Datenerhebung, -verarbeitung und -nutzung überwiegen. Daten in Form von Lichtbildern eines Beschäftigten darf der Arbeitgeber auch zu anderen Zwecken erheben, verarbeiten und nutzen, soweit der Beschäftigte eingewilligt hat.

(2) Biometrische Daten sind unverzüglich zu löschen, wenn sie zur Erreichung des Zwecks nicht mehr erforderlich sind oder schutzwürdige Interessen des Beschäftigten einer weiteren Speicherung entgegenstehen.

§ 32i
Nutzung von Telekommunikationsdiensten

(1) Soweit dem Beschäftigten die Nutzung von Telekommunikationsdiensten ausschließlich zu beruflichen oder dienstlichen Zwecken erlaubt ist, darf der Arbeitgeber bei dieser Nutzung anfallende Daten nur erheben, verarbeiten und nutzen, soweit dies erforderlich ist

1. zur Gewährleistung des ordnungsgemäßen Betriebes von Telekommunikationsnetzen oder Telekommunikationsdiensten, einschließlich der Datensicherheit,

2. zu Abrechnungszwecken oder

3. zu einer stichprobenartigen oder anlassbezogenen Leistungs- oder Verhaltenskontrolle

und soweit keine Anhaltspunkte dafür bestehen, dass schutzwürdige Interessen des Beschäftigten an einem Ausschluss der Erhebung, Verarbeitung oder Nutzung überwiegen. Werden nach Satz 1 Nummer 3 erhobene Daten einem bestimmten Beschäftigten zugeordnet, ist dieser über eine Verarbeitung und Nutzung zu unterrich-

ten, sobald der Zweck der Verarbeitung oder Nutzung durch die Unterrichtung nicht mehr gefährdet wird.

(2) Inhalte einer ausschließlich zu beruflichen oder dienstlichen Zwecken erlaubten Nutzung von Telefondiensten darf der Arbeitgeber nur erheben, verarbeiten und nutzen, soweit dies zur Wahrung seiner berechtigten Interessen erforderlich ist und der Beschäftigte und seine Kommunikationspartner im Einzelfall vorher darüber informiert worden sind und darin eingewilligt haben. Ist die ausschließlich zu beruflichen oder dienstlichen Zwecken erbrachte telefonische Dienstleistung wesentlicher Inhalt der geschuldeten Arbeitsleistung, darf der Arbeitgeber Inhalte dieser Nutzung ohne Kenntnis des Beschäftigten im Einzelfall zu einer stichprobenartigen oder anlassbezogenen Leistungs- oder Verhaltenskontrolle erheben, verarbeiten und nutzen, wenn

1. der Beschäftigte in geeigneter Weise vorab darüber informiert worden ist, dass er in einem eingegrenzten Zeitraum mit einer Kontrolle zu rechnen hat, und

2. die Kommunikationspartner des Beschäftigten über die Möglichkeit der Erhebung, Verarbeitung und Nutzung informiert worden sind und darin eingewilligt haben.

Der Arbeitgeber hat den Beschäftigten unverzüglich über die Erhebung, Verarbeitung und Nutzung der Inhaltsdaten nach Satz 2 zu unterrichten.

(3) Inhalte einer ausschließlich zu beruflichen oder dienstlichen Zwecken erlaubten Nutzung von anderen als in Absatz 2 genannten Telekommunikationsdiensten darf der Arbeitgeber erheben, verarbeiten und nutzen, soweit dies zu den in Absatz 1 Nummer 1 oder 3 genannten Zwecken erforderlich ist und keine Anhaltspunkte dafür bestehen, dass das schutzwürdige Interesse des Beschäftigten an dem Ausschluss der Erhebung, Verarbeitung oder Nutzung überwiegt. Dies gilt auch, soweit es für den ordnungsgemäßen Dienst- oder Geschäftsbetrieb des Arbeitgebers in den Fällen einer Versetzung, Abordnung oder Abwesenheit erforderlich ist. Ohne Kenntnis des Beschäftigten darf eine Erhebung nach Satz 1 in Verbindung mit Absatz 1 Satz 1 Nummer 3 nur nach Maßgabe des § 32e Absatz 2 bis 7 erfolgen.

(4) Nach Abschluss einer Telekommunikation gelten für die Erhebung, Verarbeitung und Nutzung der Daten und Inhalte die §§ 32c und 32d. Der Arbeitgeber darf private Daten und Inhalte nur erheben, verarbeiten und nutzen, wenn dies zur Durchführung des ordnungsgemäßen Dienst- oder Geschäftsbetriebes unerlässlich ist und er den Beschäftigten hierauf schriftlich hingewiesen hat.

§ 32j
Unterrichtungspflichten

Stellt ein Arbeitgeber fest, dass bei ihm gespeicherte Beschäftigtendaten unrechtmäßig übermittelt oder auf sonstige Weise Dritten unrechtmäßig zur Kenntnis gelangt sind, hat er dies unverzüglich den Betroffenen mitzuteilen. Drohen schwerwiegende Beeinträchtigungen der Rechte oder schutzwürdiger Interessen der Beschäftigten, hat der Arbeitgeber auch die zuständige Aufsichtsbehörde unverzüglich zu unterrichten. § 42a Satz 3 bis 4 und 6 gilt entsprechend.

§ 32k
Änderungen

Der Arbeitgeber hat Dritten, an die er Beschäftigtendaten übermittelt hat, die Änderung, Löschung oder Sperrung dieser Daten unverzüglich mitzuteilen, es sei denn, die Mitteilung ist nicht erforderlich, um schutzwürdige Interessen der Beschäftigten zu wahren.

§ 32l
Einwilligung, Geltung für Dritte,
Rechte der Interessenvertretungen, Beschwerderecht,
Unabdingbarkeit

(1) Die Erhebung, Verarbeitung und Nutzung von Beschäftigtendaten durch den Arbeitgeber auf Grund einer Einwilligung des Beschäftigten ist abweichend von § 4 Absatz 1 nur zulässig, soweit dies in den Vorschriften dieses Unterabschnitts ausdrücklich vorgesehen ist.

(2) Die Vorschriften dieses Unterabschnitts gelten entsprechend für Dritte, die für den Arbeitgeber beim Erheben, Verarbeiten und Nutzen von Beschäftigtendaten tätig werden.

(3) Die Rechte der Interessenvertretungen der Beschäftigten bleiben unberührt.

(4) Bestehen tatsächliche Anhaltspunkte, die den Verdacht begründen, dass der Arbeitgeber Beschäftigtendaten unbefugt erhebt, verarbeitet oder nutzt, kann sich der Beschäftigte an die für die Datenschutzkontrolle zuständige Behörde wenden, wenn der Arbeitgeber einer darauf gerichteten Beschwerde des Beschäftigten nicht unverzüglich abhilft.

(5) Von den Vorschriften dieses Unterabschnitts darf nicht zu Ungunsten der Beschäftigten abgewichen werden."

8. Die Überschrift des bisherigen zweiten Unterabschnitts des dritten Abschnitts wird wie folgt gefasst:

„Dritter Unterabschnitt
Rechte des Betroffenen".

9. Die Überschrift des bisherigen dritten Abschnitts des dritten Abschnitts wird wie folgt gefasst:

„Vierter Unterabschnitt
Aufsichtsbehörde".

10. In § 43 Absatz 1 werden nach Nummer 7b die folgenden Nummern 7c bis 7g eingefügt:

„7c. entgegen § 32d Absatz 3 Satz 4, § 32e Absatz 5 Satz 5 oder § 32i Absatz 2 Satz 3 den Beschäftigten nicht, nicht richtig oder nicht vollständig oder nicht rechtzeitig unterrichtet,

7d. entgegen § 32f Absatz 1 Satz 2 den Umstand der Beobachtung nicht erkennbar macht,

7e. entgegen § 32g Absatz 1 Satz 3 den Einsatz des Ortungssystems nicht erkennbar macht,

7f. entgegen § 32j Satz 1 oder § 32k eine Mitteilung nicht, nicht richtig, nicht vollständig oder nicht rechtzeitig macht,

7g. entgegen § 32j Satz 2 die Aufsichtsbehörde nicht, nicht richtig, nicht vollständig oder nicht rechtzeitig unterrichtet.

Artikel 2
Änderung des Bundesverfassungsschutzgesetzes

§ 27 des Bundesverfassungsschutzgesetzes vom 20. Dezember 1990 (BGBl. I S. 2954, 2970), das zuletzt durch Artikel 1a des Gesetzes vom 31. Juli 2009 (BGBl. I S. 2499) geändert worden ist, wird wie folgt geändert:

1. Im Wortlaut werden die Wörter „nach § 3 durch das Bundesamt für Verfassungsschutz" durch die Wörter „des Bundesamtes für Verfassungsschutz nach diesem Gesetz" ersetzt.

2. Folgender Satz wird angefügt:

„Die Befugnisse des Bundesamtes für Verfassungsschutz zum Schutz seiner Mitarbeiter, Einrichtungen, Gegenstände und Quellen gegen sicherheitsgefährdende oder geheimdienstliche Tätigkeiten nach dem zweiten Abschnitt werden durch die anwendbaren Vorschriften der §§ 32 bis 32l des Bundesdatenschutzgesetzes nicht eingeschränkt."

Artikel 3
Änderung des MAD-Gesetzes

§ 13 des MAD-Gesetzes vom 20. Dezember 1990 (BGBl. I S. 2954, 2977), das zuletzt durch die Artikel 3 und 10 Absatz 2 des Gesetzes vom 5. Januar 2007 (BGBl. I S. 2) geändert worden ist, wird wie folgt geändert:

1. Im Wortlaut werden die Wörter „nach § 1 Abs. 1 bis 3, § 2 und § 14" durch die Wörter „des Militärischen Abschirmdienstes nach diesem Gesetz" ersetzt.

2. Folgender Satz wird angefügt:

„Die Befugnisse des Militärischen Abschirmdienstes zum Schutz seiner Mitarbeiter, Einrichtungen, Gegenstände und Quellen gegen sicherheitsgefährdende oder geheimdienstliche Tätigkeiten nach § 5 Nummer 2 werden durch die anwendbaren Vorschriften der §§ 32 bis 32l des Bundesdatenschutzgesetzes nicht eingeschränkt."

Artikel 4
Änderung des BND-Gesetzes

§ 11 des BND-Gesetzes vom 20. Dezember 1990 (BGBl. I S. 2954, 2979), das zuletzt durch Artikel 1b des Gesetzes vom 31. Juli 2009 (BGBl. I S. 2499) geändert worden ist, wird wie folgt gefasst:

„§ 11
Geltung des Bundesdatenschutzgesetzes

Bei der Erfüllung der Aufgaben des Bundesnachrichtendienstes sind § 3 Absatz 2 und 8 Satz 1, § 4 Absatz 2 und 3 sowie die §§ 4b, 4c, 10 und 13 bis 20 des Bundesdatenschutzgesetzes nicht anzuwenden. Die Befugnisse des Bundesnachrichtendienstes zum Schutz seiner Mitarbeiter,

Einrichtungen, Gegenstände und Quellen gegen sicherheitsgefährdende oder geheimdienstliche Tätigkeiten nach den §§ 2 bis 6 werden durch die anwendbaren Vorschriften der §§ 32 bis 32l des Bundesdatenschutzgesetzes nicht eingeschränkt."

Artikel 5

Änderung des Bundesbeamtengesetzes

Dem § 106 des Bundesbeamtengesetzes vom 5. Februar 2009 (BGBl. I S. 160), das zuletzt durch ... vom ... (BGBl. I S. ...) geändert worden ist, wird folgender Absatz 5 angefügt:

„(5) Die §§ 32 bis 32l des Bundesdatenschutzgesetzes gelten nicht für Personalaktendaten. Für personenbezogene Daten von Bewerberinnen und Bewerbern, Beamtinnen und Beamten sowie ehemaligen Beamtinnen und ehemaligen Beamten, die nach Absatz 1 Satz 4 bis 6 nicht zur Personalakte gehören, gelten die §§ 32e bis 32l des Bundesdatenschutzgesetzes; die §§ 32b und 32d des Bundesdatenschutzgesetzes gelten insoweit entsprechend mit der Maßgabe, dass Absatz 4 an die Stelle der §§ 32, 32a und 32c des Bundesdatenschutzgesetzes tritt."

Artikel 6

Änderung des Soldatengesetzes

§ 29 Absatz 2 Satz 2 des Soldatengesetzes in der Fassung der Bekanntmachung vom 30. Mai 2005 (BGBl. I S. 1482), das zuletzt durch Artikel 10 des Gesetzes vom 5. Februar 2009 (BGBl. I S. 160) geändert worden ist, wird durch die folgenden Sätze ersetzt:

„Die §§ 32 bis 32l des Bundesdatenschutzgesetzes gelten nicht für Personalaktendaten. Für personenbezogene Daten von Bewerbern, Soldaten und früheren Soldaten, die nach Absatz 1 Satz 3 und 4 nicht zur Personalakte gehören, gelten die §§ 32e bis 32l des Bundesdatenschutzgesetzes; die §§ 32b und 32d des Bundesdatenschutzgesetzes gelten insoweit entsprechend mit der Maßgabe, dass Satz 1 an die Stelle der §§ 32, 32a und 32c des Bundesdatenschutzgesetzes tritt."

Artikel 7

Inkrafttreten

Dieses Gesetz tritt am ... [einsetzen: Datum des ersten Tages des sechsten auf die Verkündung folgenden Monats] in Kraft.